科技赋能国家战略

南方电网深圳供电局科技创新实践

深圳供电局有限公司◎组编

中国电力出版社
CHINA ELECTRIC POWER PRESS

内 容 提 要

以南方电网深圳供电局有限公司科技创新实践为阐述依据，论述科技赋能国家战略的内涵与成果产出，全书分形势篇、理论篇、机制篇、成果篇、展望篇五部分，重点阐述深圳供电局有限公司改革创新历程及创新机制的发展，深圳特色的重大科研攻关关键技术与未来的发展思路和规划布局等，共十四章，聚焦规划布局方针与实践成果，符合相关人员能力现状，满足其管理与技能提升需求。本书可为电力规划与设计人员提供学习与参考方面的支撑。

图书在版编目（CIP）数据

科技赋能国家战略：南方电网深圳供电局科技创新实践 / 深圳供电局有限公司组编.
—北京：中国电力出版社，2024.2（2024.3重印）
　ISBN 978-7-5198-8552-6

Ⅰ.①科… Ⅱ.①深… Ⅲ.①供电管理–技术革新–研究–深圳　Ⅳ.①F426.61

中国国家版本馆 CIP 数据核字（2024）第 015497 号

出版发行：中国电力出版社
地　　址：北京市东城区北京站西街 19 号（邮政编码 100005）
网　　址：http://www.cepp.sgcc.com.cn
责任编辑：罗　艳　高　芬
责任校对：黄　蓓　郝军燕
装帧设计：张俊霞
责任印制：石　雷

印　　刷：三河市航远印刷有限公司
版　　次：2024 年 2 月第一版
印　　次：2024 年 3 月北京第二次印刷
开　　本：710 毫米×1000 毫米　16 开本
印　　张：12.25
字　　数：209 千字
印　　数：1201—1700 册
定　　价：80.00 元

本书编写组

主　　编　汤寿泉

副主编　李敏虹　谢　宏

编写人员　汪桢子　余　鹏　任　佳　赖天德

　　　　　魏前虎　李　艳　罗　毅　张华赢

　　　　　李重杭　王少锋　余　航　田　杰

　　　　　张　林　李　杰　侯明哲　杨允岩

　　　　　刘承佳　袁　鹏　倪　昌　罗欣儿

　　　　　何　山　汪　清　卢　旭　杜进桥

  党的二十大报告提出："必须坚持科技是第一生产力、人才是第一资源、创新是第一动力"。近年来，为贯彻落实中共中央 国务院关于加强科技创新建设的各项部署决策，南方电网深圳供电局有限公司（简称南方电网深圳供电局）积极研究制定相关制度政策，努力成为国家可信赖的战略科技力量。

  电力是经济社会的重要物质基础，近年来，电力发展也面临一系列深刻的挑战，落实能源安全新战略，加快建设新型电力系统，破解绿色、安全、经济的"不可能三角形"等关键问题，这就需要我们更加强调科技创新，要依靠科技创新大力推动新能源的发展和接入电网，要依托科技创新保障电力系统的安全稳定，要依托科技创新实现电力行业的"双碳"战略目标实现。为此，中国南方电网有限责任公司提出了加强科技创新的一系列政策要求，加快建立保障高水平科技自立自强的制度体系，提升科技创新体系化能力，建设能源企业创新高地，打造国家战略科技力量。政策指出要深入推进原创技术策源地建设，深化创新体制机制改革，大力推进管理和商业模式创新，推动创新链、产业链、供应链深度融合。在这一政策引领下，南方电网深圳供电局瞄准"分析南方电网公司科技创新新型举国体制的构建与实践，致力于打造国家战略科技力量"的总目标，总结公司创新发展历程、重要节点对于能源行业发展趋势的解读和科技创新发展的建议，编制《科技赋能国家战略 南方电网深圳供电局科技创新实践》一书，为公司的科技创新建设提供理论和技术参考。

  有总结才有进步，全书以南方电网深圳供电局有限公司科技创新实践为阐述依据，论述科技赋能国家战略的内涵与成果产出，分形势篇、理论篇、机制篇、成果篇、展望篇五部分，重点阐述南方电网深圳供电局改革创新历程及创新机制的发展，深圳特色的重大科研攻关关键技术与未来的发展思路和规划布局等，符合相关人员能力现状，满足其管理与技能提升需求。

本书凝聚了全行业专家的经验和智慧，既可作为电力行业人员学习、了解国家相关政策与科技创新情况，也可助力相关管理人员提高理论分析能力，从而促进国家战略人才培养措施建设，实现培养更多大师、战略科学家、一流科技领军人才和创新团队、青年科技人才、卓越工程师、大国工匠、高技能人才的目标。

随着人才培养机制不断优化和完善，以及科技创新资源建设的发展，本书内容亦将跟随时代发展不断更新修订，欢迎广大相关电力专家持续关注并提出宝贵意见，从而共同为电力系统安全稳定运行做出应有贡献。

中国电力企业联合会标准化管理中心　刘永东副秘书长

2024 年 1 月

前 言 | FOREWORD

近年来，我国科技创新建设取得了显著成效，但整体上仍存在短板和薄弱环节。为加快实现科技自立自强，提升科技创新引领能力，弘扬创新精神，营造良好的科研环境，国务院及相关部委陆续出台了《关于深入推进全面创新改革工作的通知》《科技体制改革三年攻坚方案（2021—2023 年）》《关于加快建设世界一流企业的指导意见》《关于加强基础学科人才培养的意见》《关于推进国有企业打造原创技术策源地的指导意见》等重要制度文件，围绕体制改革、企业建设、人才培养、技术研发等方面提出了新的创新要求。

党的二十大报告指出，要坚持创新在我国现代化建设全局中的核心地位，健全新型举国体制，强化国家战略科技力量，提升国家创新体系整体效能，形成具有全球竞争力的开放创新生态。南方电网深圳供电局响应国家创新要求，充分理解构建新发展格局最本质的特征是实现高水平的自立自强，必须更强调自主创新，全面加强对科技创新的部署，集合优势资源，有力、有序地推进创新攻关的"揭榜挂帅"体制机制，加强创新链和产业链对接。

本书根据调研成果，围绕"南方电网深圳供电局科技创新实践"这一课题，展开相关内涵、科技创新技术体系、相关实践方面的探索与经验分享，组建国内专家编写团队与顾问团队，提出科技赋能国家战略的合理化建议，提升专业岗位和管理岗位员工在科技创新领域的基本认知水平和行业判断力。广泛征集科研、规划、建设、运行控制及运维管理等各领域一线专家的意见与建议，以确保编写质量、内容实效性、有效性及其价值，为广大电力工作者工作与学习提供参考和提升，提高电力工作者技术、技能水平，提升科技创新体系化能力，建设能源企业创新高地，打造国家战略科技力量。

全书分形势篇、理论篇、机制篇、成果篇、展望篇五部分，重点阐述南方电网深圳供电局改革创新历程及创新机制的发展，深圳特色的重大科研攻关关键技术与未来的发展思路与规划布局等，编写组依据南方电网深圳供电局对相关人员能力现状和管理与技能提升需求，聚焦规划布局方针与实践成果，为其提供前沿化、科学化的内容，以满足人才培养的要求。

随着科技与理论的创新及人才培养机制的不断优化和完善，本书内容亦将跟随时代发展不断更新修订，欢迎广大相关电力专家持续关注并提出宝贵意见，从而共同为电力科技发展做出应有贡献。

编　者

2023 年 10 月

目　录 | CONTENTS

第三篇　机制篇

● 第四篇　成果篇

● 第五篇　展望篇

第一篇 >>>

形势篇

第一章 党和国家创新政策

第一节 总 体 要 求

2021 年 1 月 11 日，习近平总书记在省部级主要领导干部学习贯彻党的十九届五中全会精神专题研讨班开班式上强调，构建新发展格局最本质的特征是实现高水平的自立自强，必须更强调自主创新，全面加强对科技创新的部署，集合优势资源，有力、有序地推进创新攻关的"揭榜挂帅"体制机制，加强创新链和产业链对接。

2021 年 2 月 19 日，中央全面深化改革委员会第十八次会议提出要推动科技创新力量布局、要素配置、人才队伍体系化、协同化，发挥新型举国体制优势，坚决破除影响和制约科技核心竞争力提升的体制机制障碍，加快攻克重要领域"卡脖子"技术，有效突破产业瓶颈，牢牢把握创新发展主动权。

2021 年 3 月，《中华人民共和国国民经济和社会发展第十四个五年发展规划和 2035 年远景目标纲要》正式发布，强调坚持创新在我国现代化建设全局中的核心地位，把科技自立自强作为国家发展的战略支撑，面向世界科技前沿、面向经济主战场、面向国家重大需求、面向人民生命健康，深入实施科教兴国战略、人才强国战略、创新驱动发展战略，完善国家创新体系，加快建设科技强国。

2021 年 3 月 15 日，中央财经委员会第九次会议提出要构建清洁低碳安全高效的能源体系，控制化石能源总量，着力提高利用效能，实施可再生能源替代行动，深化电力体制改革，构建以新能源为主体的新型电力系统。

2021 年 5 月 21 日，习近平总书记在中央全面深化改革委员会第十九次会议上强调，加快实现科技自立自强，要用好科技成果评价这个指挥棒，遵循科技创新规律，坚持正确的科技成果评价导向，激发科技人员的积极性；要完善科技人才培养、使用、评价、服务、支持、激励等体制机制，加快建设国家战略人才力量，在履行国家使命中成就人才、激发主体活力。

2021年10月26日，国务院印发《2030年前碳达峰行动方案》，要求将碳达峰贯穿经济社会发展全过程和各个方面，重点实施能源绿色低碳转型行动等"碳达峰十大行动"，在能源绿色低碳转型行动中部署了建设新型电力系统的行动方案。

党的十八大以来，党中央系统布局和整体推进科技体制改革，科技领域基础性制度基本确立，一些重要领域和关键环节改革取得实质性进展，啃下了不少硬骨头。科技部出台了《科技体制改革三年攻坚方案（2021—2023）》（简称《方案》），进行更深层次的改革，为深化科技体制改革指明了方向，明确了重点。《方案》强调要强化国家战略科技力量，发挥党和国家作为重大科技创新领导者、组织者的作用；要优化科技力量结构，发挥企业在科技创新中的主体作用，推动形成科技、产业、金融良性循环，加速推进科技成果转化应用。要完善科技人才培养、使用、评价、服务、支持、激励等体制机制，加快建设国家战略人才力量，在履行国家使命中成就人才、激发主体活力。要以更大勇气加快转变政府科技管理职能，坚持抓战略、抓改革、抓规划、抓服务的定位，强化规划政策引导，加强对重大科研项目的领导和指导，为企业提供更加精准的指导和服务。要根据任务需要和工作实际向科研单位和科研人员充分授权，建立责任制，立"军令状"，做到有责任、有管理、有监管，用不好授权、履责不到位的要问责，保证下放的权限接得住、用得好。2022年2月28日，中央全面深化改革委员会第二十四次会议审议通过了《关于加快建设世界一流企业的指导意见》《关于加强基础学科人才培养的意见》《关于推进国有企业打造原创技术策源地的指导意见》，要求要全方位谋划基础学科人才培养，科学确定人才培养规模，优化人才结构布局，在选拔、培养、评价、使用、保障等方面进行体系优化、链条式设计，大力培养造就一大批国家创新发展急需的基础研究人才，要推动国有企业完善创新体系、增强创新能力、激发创新活力，促进产业链、创新链深度融合，提升国有企业原创技术需求牵引、源头供给、资源配置、转化应用能力，打造原创技术策源地。

党的二十大报告指出，要坚持创新在我国现代化建设全局中的核心地位，健全新型举国体制，强化国家战略科技力量，提升国家创新体系整体效能，形成具有全球竞争力的开放创新生态。并且习近平总书记在参加党的二十大广西代表团讨论时强调，"牢牢把握新时代中国特色社会主义思想的世界观和方法论"，学习贯彻党的创新理论，要理解并把握其世界观和方法论，坚持好、运用好贯穿其中的立场、观点、方法。这一重要要求,为我们学习贯彻党的二十大精神,在新时代伟大实践中不断开辟马克思主义中国化时代化新境界指明了方向。

第二节 区 域 发 展 政 策

2019 年 2 月 18 日,《粤港澳大湾区发展规划纲要》(简称《规划纲要》)正式出台,这个囊括香港、澳门以及珠三角九市,包括广州市、深圳市、珠海市、佛山市、惠州市、东莞市、中山市、江门市、肇庆市总面积 $5.6 \times 10^4 km^2$、包含人口 7000 万人、经济总量约 10 万亿元的国家级跨区域性合作发展蓝图正式拉开帷幕。

《规划纲要》提出了明确的战略定位粤港澳大湾区将建设成充满活力的世界级城市群,同时逐步成长为具有全球影响力的国际科技创新中心,成为"一带一路"建设的重要支撑,形成内地与港澳深度合作示范区,以及为大湾区人民营造一个宜居、宜业、宜游的优质生活圈。

《规划纲要》详细定明了短至 3 年及长达 15 年的发展目标。到 2022 年粤港澳大湾区综合实力显著增强,粤港澳合作更加深入,广泛区域内生发展动力进一步提升,发展活力充沛、创新能力突出、产业结构优化、要素流动顺畅、生态环境优美的国际一流湾区和世界级城市群框架基本形成。简单来说,就是大湾区内各城市群分工合理、功能互补、错位发展的格局基本确立。

在科技创新方面,《规划纲要》提出了建设国际科技创新中心,深入实施创新驱动发展战略,深化粤港澳创新合作,构建开放型融合发展的区域协同创新共同体,集聚国际创新资源,优化创新制度和政策环境,着力提升科技成果转化能力,建设全球科技创新高地和新兴产业重要策源地。

(1)加强科技创新合作。更好地发挥内地与香港、澳门科技合作委员会的作用,推动香港、澳门融入国家创新体系。充分发挥粤港澳科技和产业优势,积极吸引和对接全球创新资源,建设开放互通、布局合理的区域创新体系。推进广州—深圳—香港—澳门科技创新走廊建设,探索有利于人才、资本、信息、技术等创新要素跨境流动和区域融通的政策举措,共建粤港澳大湾区大数据中心和国际化创新平台。加快国家自主创新示范区与国家双创示范基地、众创空间建设,支持其与香港、澳门建立创新创业交流机制,共享创新创业资源,共同完善创新创业生态,为港澳青年创新创业提供更多机遇和更好条件。鼓励粤港澳企业和科研机构参与国际科技创新合作，共同举办科技创新活动，支持企业到海外设立研发机构和创新孵化基地，鼓励境内外投资者在粤港澳设立研发机构和创新平台。支持依托深圳国家基因库发起设立"一带一路"生命科技促进联盟，鼓励其他地区的高校、科研机构和企业参与大湾区科技创新活动。

（2）加强创新基础能力建设。支持重大科技基础设施、重要科研机构和重大创新平台在大湾区布局建设；向港、澳有序开放国家在广东建设布局的重大科研基础设施和大型科研仪器；支持粤港澳有关机构积极参与国家科技计划（专项、基金等）；加强应用基础研究，拓展实施国家重大科技项目；支持将粤港澳深化创新体制机制改革的相关举措纳入全面创新改革试验。

（3）加强产学研深度融合。建立以企业为主体、市场为导向、产学研深度融合的技术创新体系，支持粤港澳企业、高校、科研院所共建高水平的协同创新平台，推动科技成果转化；实施粤港澳科技创新合作发展计划和粤港联合创新资助计划，支持设立粤港澳产学研创新联盟。

加快推进大湾区重大科技基础设施、交叉研究平台和前沿学科建设，着力提升基础研究水平；优化创新资源配置，建设培育一批产业技术创新平台、制造业创新中心和企业技术中心；推进国家自主创新示范区建设，有序开展国家高新区扩容，将高新区建设成为区域创新的重要节点和产业高端化发展的重要基地；推动珠三角九市军民融合创新发展，支持创建军民融合创新示范区；支持港深创新及科技园、中新广州知识城、南沙庆盛科技创新产业基地、横琴粤澳合作中医药科技产业园等重大创新载体建设；支持香港物流及供应链管理应用技术、纺织及成衣、资讯及通信技术、汽车零部件、纳米及先进材料等五大研发中心及香港科学园。

（4）深化区域创新体制机制改革。研究实施促进粤港澳大湾区出入境、工作、居住、物流等更加便利化的政策措施，鼓励科技和学术人才交往、交流；允许香港、澳门符合条件的高校、科研机构申请内地科技项目，并按规定在内地及港澳使用相关资金；支持粤港澳设立联合创新专项资金，就重大科研项目开展合作，允许相关资金在大湾区跨境使用；研究制定专门办法，对科研合作项目需要的医疗数据和血液等生物样品跨境在大湾区内限定的高校、科研机构和实验室使用并进行优化管理，促进临床医学研究发展。香港、澳门在广东设立的研发机构按照与内地研发机构同等待遇原则，享受国家和广东省各项支持创新的政策，鼓励和支持其参与广东科技计划并开展知识产权证券化试点。

在区域发展创新政策中，以经济特区建立 40 周年为契机，中央办公厅、国务院办公厅印发了《深圳建设中国特色社会主义先行示范区综合改革试点实施方案（2020—2025年）》（简称《实施方案》）。

在科技创新方面，《实施方案》提出，要完善科技创新环境制度；优化创新资源配置方式和管理机制；支持实行非竞争性、竞争性"双轨制"科研经费投入机制；推动完善科研机构管理机制，建立常态化的政企科技创新咨询制度；实施高层次科技人才定向培养机制。

建立具有国际竞争力的引才、用才制度。按程序赋予深圳外国高端人才确认函权限，探索优化外国人来华工作许可和工作类居留许可审批流程；支持探索制定外籍"高精尖缺"人才认定标准，为符合条件的外籍人员办理R字签证并提供出入境便利；为符合条件的外籍高层次人才申请永久居留提供便利；支持探索建立高度便利化的境外专业人才执业制度，放宽境外人员（不包括医疗卫生人员）参加各类职业资格考试的限制。

第二章　能源行业发展趋势

第一节　新一轮科技革命和产业变革

当前，在能源革命和数字革命双重驱动下，全球新一轮科技革命和产业变革方兴未艾。能源科技创新进入持续高度活跃期，可再生能源、非常规油气、核能、储能、氢能、智慧能源等一大批新兴能源技术正以前所未有的速度加快迭代，成为全球能源向绿色低碳转型的核心驱动力，推动能源产业从资源、资本主导向技术主导转变，对世界地缘政治格局和经济社会发展带来重大而深远的影响。

近年来，世界各主要国家纷纷将科技创新视为推动能源转型的重要突破口，积极制定各种政策措施抢占发展制高点。美国相继发布了《全面能源战略》《美国优先能源计划》等政策，并出台系列研发计划，将"科学与能源"确立为第一战略主题，积极部署发展新一代核能、页岩油气、可再生能源、储能、智能电网等先进能源技术，突出全链条集成化创新。欧盟在《欧洲绿色协议》中率先提出了构建碳中性经济体的战略目标，升级了战略能源技术规划（SET－Plan），启动了"研究、技术开发及示范框架计划"，构建了全链条贯通的能源技术创新生态系统。德国、英国、法国等分别组织了能源研究计划、能源创新计划、国家能源研究战略等系列科技计划，突出可再生能源在能源供应中的主体地位，抢占绿色低碳发展制高点。日本出台了《第五期能源基本计划》《2050 能源环境技术创新战略》《氢能基本战略》等战略规划，提出加快发展可再生能源，全面系统建设"氢能社会"。图 2－1 为各领域能源转型技术措施。

受政策驱动，可再生能源、非常规油气、核能、储能、智慧能源等领域诸多新兴技术取得重大突破并跨越技术商业化临界点，引领世界能源消费结构呈现非化石能源、煤炭、石油、天然气"四分天下"，且非化石能源比重逐步扩大的新局面。在新一轮科技革命和变革下，全球能源技术创新主要呈现以下新动向、新趋势。

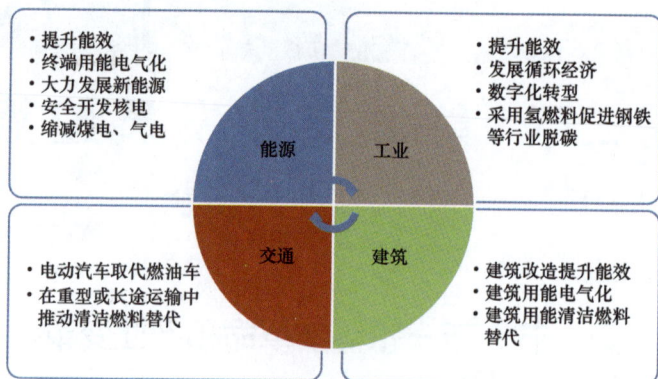

图 2-1 各领域能源转型技术措施

（1）可再生能源和新型电力系统技术被广泛认为是引领全球能源向绿色低碳转型的重要驱动，受到全球各主要国家的高度重视。面对日益严重的能源资源约束、生态环境恶化、气候变化加剧等重大挑战，全球主要国家纷纷加快了低碳化乃至"去碳化"能源体系发展步伐。国际能源署预测可再生能源在全球发电量中的占比将从当前的约 25% 攀升至 2050 年的 86%。为有效应对可再生能源大规模发展给能源系统可靠性和稳定性带来的新挑战，美国、欧盟等积极探索发展包括先进可再生能源、高比例可再生能源友好并网、新一代电网、新型储能、氢能及燃料电池、多能互补与供需互动等新型电力系统技术，开展了一系列形式多样、场景各异的试验示范工作。

（2）非常规油气技术掀起席卷全球的页岩油气革命，成功拓展油气发展新空间，成为颠覆全球油气供应格局的核心力量。美国从 20 世纪 70 年代开始布局页岩油气技术攻关，经过数十年的持续探索，成功发展了旋转导向钻井、水平井分段压裂等系统化的页岩油气开发技术，支撑美国油气自给率持续提升，推动非常规油气技术成为世界各国竞争的焦点。全球非常规油气资源占油气资源总量约 80%，可采资源量超过 80% 分布于北美、亚太、拉美、俄罗斯四大地区。在各相关国家的大力支持和推动下，全球非常规油气技术不断取得新突破、技术成熟度持续提升，正在推动全球油气产业从常规油气为主到常规与非常规油气并重的重大转变。

（3）以更安全、更高效、更经济为主要特征的新一代核能技术及其多元化应用，成为全球核能科技创新的主要方向。福岛事故后，全球核电建设整体进入稳妥审慎发展阶段，但核能技术创新的步伐并未减缓。美、俄、法等核电强国，凭借长期技术积累，瞄准更安全、更高效、更经济等未来核能发展方向，不断加大研发投入和政策支持，在三代和新一代核反应堆、模块化小型堆、核能供热等多元应用、先进核燃料及循环、在役机组延寿和智慧运维等方面开展大量技术研发和试验示范工作，为引领未来全球核能产业安全高效发展奠定了坚实基础。

（4）信息、交通等领域的新技术与传统能源技术深度交叉融合，持续孕育兴起影响深远的新技术、新模式、新业态。近年来，美国、欧盟、日本等主要发达国家在能源交叉融合技术方面开展了大量有益探索和实践。以大数据、云计算、物联网、移动互联网、人工智能、区块链等为代表的先进信息技术与能源生产、传输、存储、消费及能源市场等环节深度融合，持续催生具有设备智能、多能协同、信息对称、供需分散、系统扁平、交易开放等特征的智慧能源新技术、新模式、新业态。电动汽车及其网联技术、氢燃料电池车等低碳交通技术，推动能源、交通、信息三大基础设施网络互联互通、融合发展，正在开启能源、交通、信息领域新的重大变革。

电能作为清洁、高效、便捷的二次能源，是工业化进程的"助推器"。当前，在新一轮科技革命的推动下，能源电力的开发更加绿色化，电力的输送与使用更加智能化，能源电力与经济社会和人民生活的融合更加密切，以电为中心的现代能源体系特征愈发明显。这一轮能源产业的新变革，最主要的落脚点在电力上，是以"能源生产电力化，电力生产清洁化"为基本特征的电力新变革。

从能源生产侧来看，2018年，我国发电用能占比达到46.4%，高于世界平均水平；到2035年，我国发电用能占比有望达到57%。在供给侧，非化石能源取代化石能源的条件初步具备。基地式规模化的开发使新能源上网电价已具备同火电标杆电价同台竞争的潜力；储能技术的快速发展及成本持续下降和具有针对性的电力需求侧管理，可有效克服新能源的不稳定性；智能控制技术的广泛应用使能源电力资源在更大范围内实现灵活高效配置，实现发电和负荷的动态匹配，促进不稳定非化石能源的消纳。《中国电力行业年度发展报告 2020》的数据显示，2019年全国新增发电装机容量105GW，其中，新增并网风电和太阳能发电装机容量分别为25.72GW和26.52GW，合计新增占全国新增发电装机容量的49.75%，电力生产结构持续优化。

在消费侧，大规模电能替代化石能源初具经济性。在上一轮电力革命的基础上，正在进行的新一轮深度电气化和"再电气化"如火如荼。与其他能源品种相比，电能的终端利用效率最高，可以达到 90% 以上。中国的数据表明，电能的经济效率是石油的 3.2 倍、煤炭的 17.3 倍，即 1t 标准煤当量电能创造的经济价值与 3.2t 标准煤当量的石油、17.3t 标准煤当量的煤炭创造的经济价值相当。随着电力在终端消费比例的不断提高，各种能源之间的融合和替代也在加强。数字化技术的应用也前所未有地将各个能源品类以更优化的方式结合起来，能够以更加清洁和低碳的方式供应能源。

工业领域是当前替代电能的主要来源。随着产业结构优化升级及终端用能电气化技术的迅速发展，特别是冶金、陶瓷、供暖等工业电气化行业技术不断向绿色、智能、数字化方向发展，电能对终端化石能源的替代将不断深化。汽车动力正在从汽油、柴油大规模转向动力电池，全社会的云端化、智能化正推动大规模数据中心的快速扩容，以工业互联、智能家居等为代表的物联网设备的指数级增长，加上汽车工业的电气化转型，将使未来的电力需求越来越大。随着新能源上网电价下降，通过拉大峰谷电价差，特别是降低谷电价格，可以在供暖和交通领域实现大规模电能替代，促进以电为核心的能源消费新时代加速到来。

未来电力发展格局取决于技术的发展方向及发展速度，受研发、市场、需求、国外引进等多方面因素的影响。《能源技术革命创新行动计划（2016—2030年）》《能源装备实施方案》等文件，明确了"十三五"乃至国家中长期能源技术创新发展的主要方向，包括高效太阳能利用、大型风电、氢能与燃料电池、生物质能、海洋能、地热能、先进储能、现代电网、能源互联网、节能与能效提升等。

工业领域，未来应重点关注高效电转蒸汽、大规模电制氢等技术，研发核心技术装备并推广应用，持续深挖工业领域替代潜力。建筑领域，供冷供暖方面电能替代潜力可期，未来应重点发展高效电制冷/热、高密度低成本蓄冷/热、储能等技术，提升现有技术装备能效水平，降低建设运营成本，进一步提升建筑领域电气化水平。交通领域，电能替代整体处于快速发展阶段，未来应聚焦汽车、船舶电气化方向，重点开展新能源汽车充电桩、新能源船舶等关键技术研究，提出典型设计方案。长远来看，需加强长寿命、低成本、智能化、高可靠性的海、陆、空电气化交通工具研究，全面推动我国交通领域电气化，为电能替代提供新引擎。电能替代技术与人工智能、边缘计算、5G 等技术的融合应用，不断提升终端电能消费设备数字化、智能化水平，电能在终端用能结构中的占比持续提升。

第二节 "双碳"和新型电力系统目标

1. "双碳"目标

国际上，新一轮能源革命高潮正在兴起。新一轮能源革命和新一轮工业革命相辅相成。新一轮能源革命以新能源技术与信息技术的融合为主要标志，其特征是高效化、清洁化、低碳化、智能化。新一轮能源革命发生以来，很多颠覆性的技术成果出现，如加速全球能源革命和能源技术创新的页岩气、页岩油开采技术，改变大的经济体能源发展方向的风能、太阳能等可再生能源发电技术，推动全球能源供应一体化进程的大电网技术等。

在这一时期，推动全球能源绿色低碳转型的基本框架已经形成。现在，越来越多的经济体坚持走绿色低碳发展道路，不断减少对化石能源的依赖，大力推动清洁、可持续能源供应体系形成。《巴黎协定》的签订和生效，表明全球对绿色和低碳转型达成了广泛的共识，许多国家宣布在 21 世纪中叶前后实现碳中和。二十国集团（Group of 20，G20）、亚太经合组织（Asia-Pacific Economic Cooperation，APEC）等框架下的全球能源治理改革，也在推动全球能源转型和落实《巴黎协定》。

全球能源行业呈现出前所未有的新发展趋势。从全球能源行业来看，由于全球能源革命、能源绿色低碳转型的基本框架及大的经济体的推动，全球能源行业出现了一系列新的发展趋势：一是发达国家去煤减煤加速，发展中国家开始控煤；二是全球油气供过于求加剧，国际油气巨头加速向新能源转型；三是可再生能源进入平价时代，加速发展，对传统能源的替代也越来越快；四是全球电气化、电力行业低碳化"双加速"。

在国内，党的十八大以来，我国能源消费总量过快增长势头得到有效控制，能源消费结构调整取得历史性进展，这是对过去而言的。自改革开放以来，特别是 2000 年以来，我国经济发展较快，能源消费的增长也较快。过去，我国是粗放式的能源生产方式，再加上没有能源消费的"天花板"，所以能源消费是敞口式的，造成了能源消费增长较快的局面。也就是说，在经济、社会发展取得举世瞩目的成绩的同时，能源消费增加量也非常突出。但党的十八大以来，我们逐步改变了过去粗放式的能源生产方式，同时采取坚决措施改变了敞口式的能源消费模式，所以从 2011 年到 2019 年的能源消费年均增速明显下降。

从能源消费结构来讲，我国仍然是世界上最大的能源消费国。过去，能源消费结构长期以煤为主，尤其是在 2000 年到 2015 年间。但党的十八大以来，加大力度调整能源消费结构，煤炭消费比重于 2019 年首次降到 60%以下，同时清洁能源和相对效率较高的石油、天然气的比重有所增加。这一重大历史性变化，改变了过去长期能源消费结构调整困难的局面，也是中央把调整能源结构作为支撑我国生态文明建设主要抓手的具体成果。尽管我们在能源消费结构调整上取得了重大成效，但我国能源消费结构与能源经济现代化水平较高的发达国家相比，差距依然很大。发达国家以油气消费为主，同时清洁能源消费比重也相对较高。按照现代化的水平、绿色低碳的要求，我国能源消费结构调整仍然有很长的路要走。

党的十八大以来，由于能源消费结构发生了巨大变化，工业、交通、建筑等重点实体经济部门的能源消费结构得到优化，电力的比重有了较大幅度的提升，天然气的比重也有所提升。我国作为全球最大的能源生产国，我国能源消费的 85%左右都是自产的，只有 15%左右是进口的。我国生产能源的最大特征是，化石能源产量巨大，同时发电水平较高、发电量较大、电气化程度较高，而电力生产以燃煤发电为主。2019 年，我国发电量占到全球的 27.8%，总量在 7.5×10^{12}kWh 以上，人均发电量超过 5300kWh。可见，我国的发电量是一个长项，而短板则是煤电占比在总发电量的 60%以上。由于发电量巨大、煤电占比高，我国电能的清洁化程度和低碳化程度相对较低。但从 2018 年开始，我国的煤电占比每年都有所下降。

同时，我国又是全球最大的能源进口国。虽然我国进口能源消费占总能源消费的 15%左右，但三个化石能源品种进口量都是全球最大的。我国是世界第一大碳排放国，是全球气候治理中的关键一环。2019 年，我国二氧化碳排放总量约 1.15×10^{10}t，约占全球二氧化碳排放总量的 30%；人均碳排放量约为 8.1t，超过欧盟 25%，比全球平均水平高出 65%。同时，近年来我国碳排放强度迅速下降。我国 2020 年的碳排放强度较 2005 年下降 48.4%，超过了到 2020 年要下降 40%~45%的承诺，共减排大约 5.8×10^9t 的二氧化碳，有效扭转了二氧化碳排放的增长态势，但还明显高于很多发达国家。

在这样的社会背景下，2020 年 9 月 22 日，我国在第 75 届联合国大会上正式提出 2030 年实现碳达峰、2060 年实现碳中和的目标。即 2030 年之前，二氧化碳排放量不再增加，达到峰值后再缓慢减少；到 2060 年，所有的二氧化碳排放将通过植树、节能减排来抵消。做好碳达峰、碳中和工作，不仅对我国绿色经济复苏和高质量发展、引领全球经济技术变革具有积极作用，而且对保护地球生态、推进应对气候变化的国际合作具有重要意义。具体来说，我国提出碳达峰、碳中和的目标，具有以下意义：

（1）"双碳"目标的提出是中国主动承担应对全球气候变化责任的大国担当。"双碳"目标是我国基于推动构建人类命运共同体的责任担当和实现可持续发展的内在要求而做出的重大战略决策，展示了我国为应对全球气候变化做出的新努力和新贡献，体现了对多边主义的坚定支持，为国际社会全面有效落实《巴黎协定》注入强大动力，重振全球气候行动的信心与希望，彰显了中国积极应对气候变化、走绿色低碳发展道路、推动全人类共同发展的坚定决心。这向全世界展示了应对气候变化的中国雄心和大国担当，使我国从应对气候变化的积极参与者、努力贡献者，逐步成为关键引领者。

（2）"双碳"目标是加快生态文明建设和实现高质量发展的重要抓手。"双碳"目标对我国绿色低碳发展具有引领性、系统性作用，可以带来环境质量改善和产业发展的多重效应。着眼于降低碳排放，有利于推动经济结构绿色转型，加快形成绿色生产方式，助推高质量发展。突出降低碳排放，有利于传统污染物和温室气体排放的协同治理，使环境质量改善与温室气体控制产生显著的协同增效作用。强调降低碳排放人人有责，有利于推动形成绿色简约的生活方式。降低物质产品消耗和浪费，实现节能、减污、降碳。加快降低碳排放步伐，有利于引导绿色技术创新，加快绿色低碳产业发展，在可再生能源、绿色制造、碳捕集与利用等领域形成新增长点，提高产业和经济的全球竞争力。从长远看，实现降低碳排放目标，有利于通过全球共同努力减缓气候变化带来的不利影响，减少对经济社会造成的损失，使人与自然回归和平与安宁。

（3）"双碳"目标是促使能源格局彻底改变的重要途径。要实现碳中和的目标，必须走全面清洁低碳的道路，能源领域应大幅度地提高风能、太阳能、水能、生物质能、潮汐能、地热能和海洋能等非化石能源在能源使用中的占比。这意味着，我国要彻底改变以煤为主的能源格局。清洁能源及可再生能源将逐步提高占比，从而使能源格局发生彻底改变。

2. 新型电力系统目标

在社会经济快速发展的大背景下，我国对电力的需求仍保持较快增长。碳达峰、碳中和目标要求我国在保证所需电量供应的同时，不断提升可再生能源电力消纳能力及使用比例，这是电力行业未来规划的重心。交通、工业、建筑、居民生活等领域都需要向清洁电力转型，这也是实现"双碳"目标能源是主战场，电力是主力军的主要原因。

与此同时，全球范围内的能源短缺愈演愈烈，欧洲、美洲、亚洲各国均不同程度地遭遇能源短缺的冲击，原油、天然气、动力煤价格均连续上涨。有欧洲天然气价格"风向标"之称的荷兰 TTF 天然气期货价格一路上涨，从 2021 年年初 17.88 欧元/MWh，涨至 10 月 22 日 87.90 欧元/MWh，上涨了近 4 倍。10 月 22 日，ICE 英国天然气期货价格报 219.22 便士/千卡，创历史新高，布伦特原油价格报 84.12 美元/桶，创下 2018 年 10 月以来的高点。世界银行在 10 月 21 日最新的《大宗商品市场展望》中，预测能源价格在 2021 年大涨超 80% 后，2022 年将继续小幅上涨，将给许多发展中国家的通货膨胀带来巨大的近期风险。

亟须构建以新能源为主体的新型电力系统。短期看，能源价格在短期内快速上涨，供求关系紧张是煤价过快上涨的主要原因，上半年经济快速复苏，叠加冬季用电高峰，电力需求增长较快，2020 年前三季度全国全社会用电量 $6.17 \times 10^{12}\,\mathrm{kWh}$，同比增长 12.9%，远高于历史同期水平。长期看，能源短缺问题在全球范围内同时出现，从欧洲、美国蔓延至印度、巴西等新兴经济体，说明背后存在全局性的、必然性的原因。当前，以可再生能源为导向的能源转型是各国应对气候变化挑战的共同选择，而可再生能源发电大规模并网难题，叠加全球能源需求快速增长，以及部分国家"弃核""去煤"，是本轮国际能源价格飞涨背后的深层次原因。

间歇性、不稳定性和季节性的可再生能源大规模并网需要系统性的解决方案。2021 年 3 月 15 日，我国提出要构建以新能源为主体的新型电力系统，这意味着风电、光伏和水电将是未来电力系统的主体，煤电降成辅助性能源。这亟须一场能源科技革命和理论革命，在新能源并网、大规模储能、智能电网、能源管理系统和氢能等方面闯入科技创新的"无人区"，突破许多关键技术障碍。同时，亟须前瞻性地制订新型电力系统建设的理论框架和行动方案，使能源清洁化转型路径更加清晰。

同时，由于新能源具有低抗扰性与弱支撑性，要构建新型电力系统，需统筹电力保供和能源转型，坚持"常规电源保供应、新能源调结构"，推进煤电与新能源优化组合，不断提升系统平衡调节能力，在确保供应前提下推动清洁能源大规模开发利用。这不仅需要新能源，更需要煤电、储能等多种主体，系统要协同和发挥好各主体的优势，从整体出发研究规划、统筹安排。

在这样的社会背景下，2021 年 3 月 15 日，习近平总书记主持召开中央财经委员会第九次会议，研究促进平台经济健康发展问题和实现碳达峰、碳中和的基本思路和主要举措。会议指出，要构建清洁、低碳、安全、高效的能源体系，控制化石能源总量，着力提高利用效能，实施可再生能源替代行动，深化电力体制改革，构建以新能源为主体的新型电力系统。构建以新能源为主体的新型电力系统是以习近平同志为核心的党中央着眼加强生态文明建设、保障国家能源安全、实现可持续发展做出的一项重大部署，对我国能源电力转型发展具有重要的指导意义。

（1）指明了能源电力行业服务"双碳"目标的核心任务。能源行业碳排放占全国总量的80%以上，电力行业碳排放在能源行业中的占比超过40%。实现"双碳"目标，能源是主战场，电力是主力军，电网是排头兵，大力发展风能、太阳能等新能源是关键。习近平总书记提出构建以新能源为主体的新型电力系统，是对能源清洁低碳转型大势的准确把握，是对新能源在未来能源体系中主体地位的科学定位，是对电力系统在服务碳达峰、碳中和中发挥关键作用的更高要求，极大地增强了能源电力行业加快转型升级的信心和决心。

（2）指明了能源电力创新突破的努力方向。习近平总书记提出构建以新能源为主体的新型电力系统，是对能源电力创新趋势的深刻洞察，代表了电力生产力大解放、大发展的方向。近年来，电力电子技术、数字技术和储能技术在能源电力系统日益广泛应用，低碳能源技术、先进输电技术和先进信息通信技术、网络技术、控制技术深度融合，推动传统电力系统正在向高度数字化、清洁化、智慧化的方向演进。构建新型电力系统，有利于凝聚行业共识，促进协同创新，破解能源转型技术难题，抢占行业发展制高点，提高我国电力产业链现代化、自主化水平。

（3）指明了能源电力行业高质量发展的必由之路。随着经济发展、社会进步和能源转型，电力的应用领域不断拓展，电力服务需求和消费理念日益多元化、个性化、低碳化，电力行业的新产业、新业态、新模式不断涌现。构建新型电力系统，将为供需精准对接、满足能源需求、挖掘潜在价值、降低社会能耗、促进产业升级提供强有力的平台支撑，以高质量的电力供给为美好生活充电、为美丽中国赋能，为服务构建新发展格局做出积极贡献。

第三章 南方电网深圳供电局改革创新历程及创新机制的发展

第一节 南方电网深圳供电局改革创新发展历程

1.南方电网深圳供电局改革创新之路

近年来，南方电网深圳供电局以落实国家重大战略、保障国民经济运行为首要目标，聚焦商业二类企业特点精准施策，加强党的领导和完善中国南方电网有限责任公司（简称南方电网）治理相统一，加速形成灵活高效的市场化经营机制，为高质量发展注入"源头活水"，在国务院国有企业改革领导小组办公室开展的中央企业所属"双百企业"2021年度专项考核中获评"标杆企业"，为全国商业二类企业深化改革提供了经验。

（1）展新貌：现代企业制度规范、高效运行。

当前，南方电网深圳供电局正全面创建卓越绩效管理模式，积极将国际语言和国际标准融入"创一流"战略目标，全面提升核心指标，构建先进管理体系。"十三五"以来，南方电网深圳供电局持续完善国际先进城市电网企业对标库，主动开展国际对标探索，获评国有重点企业管理标杆创建行动"标杆企业"。

以"两个一以贯之"为牵引，全面建立"双向进入，交叉任职""前置清单"等制度，全面落实董事会应建尽建和外部董事占多数要求……南方电网深圳供电局不断完善中国特色现代企业制度，把党的领导落实到南方电网治理各个环节。积极探索建立符合商业二类电网企业特点的现代法人治理体系，2022年2月，南方电网深圳供电局入选国务院国有资产监督管理委员会（简称国资委）"国有企业公司治理示范企业"。为促进制度优势转化为治理效能，南方电网深圳供电局建立以公司章程为统领、治理主体权责清单为核心、包含多份治理制度的"1+1+N"内部制度体系，保障公司治理规范高效；党委围绕"四个是否"

（是否符合党的路线方针政策；是否符合党和国家的战略部署；是否有利于提高企业经济效益，增强企业竞争力，实现国有资产保值增值；是否维护社会公众利益和职工群众权益）开展前置研究，运作"一问题一分析、一决策一检视"持续改进机制，实现治理机制与决策质效双提升。

董事会定战略、作决策、防风险的功能作用充分凸显。例如，在审议出资企业南方电网电动汽车服务有限公司（简称南网电动）南方电网增资议题过程中，董事会既把握战略方向，也分析市场前景和市场盈亏平衡，提出分批增资、循序渐进的意见，形成可持续发展的商业模式，使电网规划与先行示范区规划更加紧密衔接。

（2）创新绩：市场化经营机制强动力、提效率。

2022年以来，在授放权机制、激励约束机制及一系列保障措施下，南方电网深圳供电局基层单位积极试点新型生产经营责任制，创新业务组织模式，优化生产关系、发展生产力，并通过用人和激励机制创新，释放队伍潜能、激发活力。南方电网深圳供电局将专业垂直管理、分别作业模式调整为"以网格为基础进行全业务综合作业"，作业效率提升35%。这是南方电网深圳供电局围绕强动力、提效率、增活力，在市场化经营机制改革中推行的新举措。

近年来，南方电网深圳供电局紧牵"牛鼻子"，创新建立全员新型责任制和契约化管理机制，实现员工个人价值与企业效率、效益双提升。2021年，全员劳动生产率人均超200万元，人均售电量2.062×10^7kWh，在行业内处于领先水平。

"能上显效度，能下显力度，关怀增温度"是南方电网深圳供电局市场化经营机制改革的核心，2022年以来，新提拔管理人员竞争上岗比例达92%，管理人员退出比例接近7.8%，有效激发员工队伍活力、动力。南方电网深圳供电局还打好物质激励和精神激励"组合拳"，建立正向激励体系，实施安全生产责任制中长期激励等10项中长期激励机制，推进员工关爱情深工程，形成"能者上、优者奖、庸者下、劣者汰"的良好氛围。

（3）开新局：创新驱动支撑高质量发展。

投运全球首条用于高负荷密度供电区的10kV三相同轴高温超导电缆示范工程，实现技术突破；打造行业首例"5G｜全栈国产化＋数字电网"规模化应用示范；投运8类使用国产芯片的电力装备，突破卡脖子技术；创建"零停电""零感知"工作体系和技术保障体系，深圳供电的可靠性连续两年在全国主要城市中领跑……南方电网深圳供电局以科技创新擘画未来，使电网更智能、电力更可靠。

2. 南方电网深圳供电局构建适应新型体系的协同创新机制

党的十八大以来,南方电网深圳供电局立足改革开放前沿阵地,坚持敢闯、敢试、敢为人先,将高质量发展要求落实到南方电网改革发展的方方面面和全过程,推动质量变革、效率变革、动力变革,在彰显使命担当中加快建设具有全球竞争力的世界一流企业。

南方电网深圳供电局持续深化创新体制机制改革,不断激发各类人才创新活力,集中优势资源和力量,努力打造具有影响力的原创技术策源地。在新型科技创新体系下,制定了4大协同机制、9项举措,推进各部门(单位)协同创新。

(1)完善创新策划机制。

1)对外加强与外部创新资源的协同联动,重点推进"自上而下"的策划机制。

南方电网深圳供电局同知名高校团队建立中长期战略科研合作模式,加强同国内一流高校知名教授、团队的联系(特别是国内相关院士、候选院士及行业领军专家),充分利用双方优势资源,组织创新主力军及科研主体定期对接创新需求,共同策划高水平项目,共同推进重大科研攻关、重大平台建设、重大奖励申报、科研人才培养与共享等工作。重点是策划国家级、省部级、南方电网重点项目,南方电网深圳供电局构建面向重大战略的产学研创新生态,提升公司科技创新影响力,打造深圳特色的科技创新品牌。

加强面向港澳的创新合作及项目策划。南方电网深圳供电局依托深圳地缘优势,在联合港澳创新合作方面取得突破,在香港回归25周年之际,同香港中文大学(深圳)等高校签订战略合作协议,通过联合研发、人才交流、港澳科技成果转化开展战略合作,以联合香港创新为突破口,推动公司创新工作走向国际。

2)对内加强科技项目与各业务的协同,优化"自下而上"的策划机制。

加强项目策划与各业务"十四五"规划目标的联动。南方电网深圳供电局将项目策划与各专业的"十四五"规划目标相结合,各业务部门在"自下而上"报送创新项目需求时,须明确项目与本业务领域"十四五"规划目标的关系,确保创新项目助力各业务实现规划目标。

建立"指南"入库模式的立项机制。"指南"入库模式即业务管理部门根据行业发展方向、各部门(单位)的创新需求,南方电网深圳供电局牵头开展本业务领域的指南编制。创数部组织指南评审后，面向公司公开张榜，各部门（单位）均可揭榜，经可研评审后入库，改变以往项目"小、散、乱"的情况。

（2）优化项目实施机制。

1）在重点领域实行揭榜制、挂帅制、赛马制等机制。

针对目标明确的科技难题和关键核心技术攻关项目，公司采用揭榜制，面向各部门（单位）公开征集创新性科技成果，充分发挥创新"集群动力"，以面向港澳地区揭榜制的 2 个项目为契机，形成固化的港澳地区揭榜机制（创数部牵头，各部门单位负责，常态化开展）。

针对攻关难度大、面向行业科技前沿的项目，公司实施挂帅制，在公司内部遴选创新能力强的帅才，通过签订责任状、赋予团队组建权等方式开展研发工作，结合高层次技术专家的选聘，遴选帅才开展挂帅制项目。

针对生产经营共性问题或共性需求，公司采用"赛马制"，在项目前期选取2～3家单位实施平行资助，通过规定时间内的二次竞争择优，最终明确技术方案或技术成果，推动各部门、单位积极踊跃参与创新，形成体系化机制。

2）建立跨部门、跨单位、跨专业的协同创新机制。

加强柔性攻关团队机制应用。公司将优化人工智能、虚拟电厂、车网互动、零碳建筑等跨部门、跨单位、跨专业的柔性攻关团队经验，继续深化应用，协同推进联合创新。

加强成果知本券机制应用。在项目顺利验收后，知本券可在奖励申报、绩效及奖金分配、成果转化回馈等方面兑现，促进成果收益与完成人投入量化挂钩，解决部门（单位）间科技成果确权难等问题。

（3）完善创新考评激励机制。

1）优化创新考核机制。优化考核方式提升全员创新活力。公司在各部门（单位）组织绩效"创新驱动"考核任务中，设置基本任务和挑战任务相结合的考核方式，仅完成基本任务不能得满分，改变以往创新工作"不做不错、做多错多"的考核方式，鼓励各部门（单位）积极参与创新项目和成果申报。针对共同承担科技项目，可采用"双算"等模式，鼓励协同创新（创数部牵头，各部门单位负责，常态化开展）。

2）建立创新评价体系。建立各部门（单位）统一适用的创新评价体系。承接公司创新考核、评价相关指标和任务要求，充分考虑各部门（单位）创新能力和创新贡献两个维度，建立统一适用的创新评价体系，对各部门（单位）创新工作的能力、贡献度进行统一评价，并对评价结果的排名情况进行通报，以促进各部门（单位）积极承接落实公司创新工作。评价体系可暂不指导考核，今后视情况应用于创新评先选优等工作中（创数部牵头，各部门单位负责，常态化开展）。

3）完善创新激励机制。合理分配创新领域董事长奖励金。公司针对完成创新考核指标，在创新工作中做出突出贡献的团队和人员进行奖励。

提高创新成果的奖励金额和授奖数量。在公司创新领导小组的指导和支持下，公司已修编了奖励制度，提高获得公司创新奖励的奖励金额，同时还将在制度要求下增加授奖数量，已获南方电网奖励的成果公司不再重复授奖，以加强激励力度。

完善专家选聘及评价机制。将参与重大项目、取得重大成果作为专家选聘、评价的条件，鼓励积极参与创新。

（4）完善创新服务保障机制。

1）健全科研支撑体系。持续加大研发投入。为各部门（单位）的全面创新提供资源保障，"十四五"期间公司创新项目投入将超过20亿元。

落实创新项目管理"放管服"。进一步精简职创项目实施流程，通过年度下达各部门（单位）职创专项经费投资计划总盘子，由各部门（单位）自行策划并实施职创项目，进一步营造全员创新的氛围。

完善科研助理、财务助理等制度。公司在项目过程材料整理、会务支持、预算编制、经费报销、财务决算等方面提供专业化服务，保障项目团队人员集中精力做好研发工作。

2）完善科技成果转化机制。公司做强新兴业务公司，做优双创基地，畅通成果转化渠道。为充分发挥新兴业务公司创新链与产业链深度融合的作用，公司搭建开放式、协同式创新平台，吸引内外部科研人员入驻，充分发挥深港科创网级平台作用，推动科技成果转化，为科研人员创造收益回馈。

第二节 创新体制机制存在的不足

（1）科技自立自强能力建设尚需进一步加强，科技创新引领有待提升。

南方电网创新能力、科技自立自强能力建设仍需进一步加强，在科技研发、创新平台、成果转化、科技奖励、标准化建设方面仍有不足。战略性、关键性重大科技成果培育能力尚需提升，服务国家战略科技力量的创新体系整体效能尚需提高，科技创新的统筹规划作用发挥不够，创新实力距离世界一流企业的要求还有差距，关键核心技术攻关的高效组织体系及使命驱动、任务导向的实验室体系尚未建立健全，跨单位、跨专业的协同攻关机制有待完善，科技创新成效评价机制需要进一步健全。

1）原创性引领性技术攻关力度尚需增强。以科研单位、科技型企业、科技服务机构建设为核心的创新主体建设需要进一步加强，对人工智能、数字化、超导、芯片等前瞻性、技术颠覆性技术储备不足，在战略性基础研究、前沿技术研究和行业共性关键技术研发中的骨干引领作用需要进一步彰显。

2）支撑南方电网生产经营的科技创新能力不足。电网本质安全、资产运营效率、高品质供电等方面技术难题亟待解决，大电网驾驭能力有待进一步加强，双高电力系统出现后的频率稳定、电压稳定特性发生较大变化，转动惯量、一次调频能力不足的问题日渐显现；电网分析手段和工具还受制于人、关键输变电装备技术还存在"卡脖子"问题；电力现货市场运行和实践能力有待提高。

3）国家级创新平台申报顶层设计和积累不足。国家级创新平台申报难度较大，需统筹资源、谋篇布局，对申报方向的科研领军人才、团队、项目、国家级任务、重大工程关键技术攻关经验、仪器设备等基础实力也有较高要求，目前南方电网在顶层设计和基础实力积累方面仍有不足。

创新平台运行效率偏低。联合实验室未有效联合，南方电网内部各单位之间、南方电网各单位与外部单位之间合作机制不畅通，未形成系统、有效、深入的联合创新；项目申报自主权、跨单位借用人才建议权、跨单位科研装备及场地使用权等制度在执行过程中未得到有效落实，实验室人财物等资源未有机融合、高效运转，实验室和科研创新团队、平台建设和重大项目规划相对割裂。

4）科技成果转移转化渠道尚需畅通。创新活动前期策划、研发组织、成果评价、应用推广全过程管理链条还未完全打通，科技成果产业化水平和规模化应用程度较低，对解决生产一线技术问题、为南方电网运营提质增效的支撑有限；业务与科技创新融合不够；创新还存在"两张皮"的问题。

业务创新需求常态化收集和分析解决机制尚未建立健全，业务与创新部门在方向规划引领、项目策划实施和成果应用推广等方面工作衔接和协调配合不足，重复性、低水平立项仍在一定程度上存在；产研单位未形成利益共同体和目标共同体，生产单位因安全责任压力对科技成果推广应用动力不足；新兴业务单位为完成利润指标，对科研投入的积极性不高。以产业、市场为导向的创新体系建设有待完善。南方电网科研成果多为技术方案、方法、系统等，科研产出与市场需求未形成有效对接，可直接进行转化的成果较少。从科技成果到产品之间的中试环节缺失，具备成果产业化链条有待完善。

科技成果转化专业化人才队伍建设有待加强。科研成果从样品到产品再到商品的转变，需要开展熟化、中试、定型、商业模式设计、市场推广等大量工作。同时，成果转化涉及缜密的知识产权布局、独有核心技术、保护性专利的管控、管理及维权，目前科技成果转化专业化人才支撑能力相对不足，人才队伍建设有待加强。

5）科技成果总结、奖励申报能力有待加强。对同一领域，甚至针对同一技术问题的科研成果及应用实践缺少长期性的总结，对跨团队/单位的成果整合未有形成机制；报奖申报材料过多依赖编写人员个人能力，编写人员对不同类型奖励规则及申报要求的掌握需要进一步提高。

奖励申报渠道有待拓展。申报国家科技奖、中国专利奖主要依靠院士提名和中国电机工程学会提名，渠道过于单一、缺少弹性，需要加强与具有省部级、国家级奖励推荐资格的政府部门、社会组织的沟通，进一步拓展奖励申报渠道。

6）标准化。企业标准的市场化属性有待提高，标准化改革创新力度有待加强；部分技术未及时转化为技术标准并形成体系，造成南方电网知识产权流失；参与国际标准制修订的渠道仍需进一步拓展；技术监督体系尚未完善，缺乏对资产全生命周期各环节的技术监督；国家和行业标委会秘书处挂靠数量总体仍然偏少，主持或参与国行标、团标数量仍显不足。

（2）内部资源整合力度不足，管理创新对战略转型的支撑能力有待提升，内部管理创新资源缺乏统筹协调。

1）管理创新资源被分散，管理创新优秀成果未在系统内有效推广；战略性获取利用外部创新资源有待加强，缺乏全产业链的长期战略合作。

2）产学研用协同创新治理机制不完善，合作创新成果有待提升；创新平台资源共享程度不高，部分平台利用率偏低，依托创新平台与社会创新主体良性互动的渠道尚不畅通。管理创新基础能力打造不足。

3）工具理性和专业主义精神还未形成。管理方法与工具还未完全融入业务，缺乏科学的方法论指导各类创新工作。全面的知识管理体系有待建立，员工获取成功经验和失败教训的渠道不足，存在重复科研与成果转化的现象，造成创新资源的浪费。

4）管理创新系统性规划不足。管理创新重点领域与方向布局不够清晰，未充分适应战略转型内在要求，对科技、服务和商业模式创新的支撑作用还未充分显现。管理创新成果推广交流没有系统性、大规模开展。

（3）前、中、后台运作机制尚未成熟，服务创新方面亟待加强营销人员的主动服务意识、市场商机挖掘和销售推广能力有待加强，客户需求洞察和客户关系经营能力有待提升；组织结构调整相对滞后，中台运营团队、后台专家团队建设比较薄弱，尚未建立成熟的前、中、后台运作机制；传统信息系统架构难以满足跨渠道、跨部门的集成应用需求，尚未发展出与"基础＋增值"产品服务内容相适应的先进技术装备和工具应用；数字化技术在营销运营管理和客户服务方面的应用有待深化，中台功能还不显著，客服知识库建设应用有待完善，对前台赋能支持能力有限。

（4）市场化能力有待提高，商业模式创新需进一步深化创新驱动不充分、创新潜力没有得到充分挖掘。重大科技创新成果不多，创新成果转化应用比率不高，商业模式创新不足，部分企业核心竞争力、可持续发展能力有待加强。部分业务领域商业模式较为传统、单一，产品和服务内涵亟待丰富，大多数基于供给方的角度考虑，没有真正站在用户角度思考，产品价值真正受市场认可、满足市场及用户需求的"明星产品""爆款产品"还不够，数字化技术运用不足，未有效利用"云大物移智链"等新技术为产业发展赋能、更好地推动商业模式创新。激发员工深化商业模式创新的体制机制仍待进一步探索。五大战略单元横向协同有待强化，新兴业务服务管制业务的能力和水平有待提升，管制业务资产资源优势尚未充分发挥。

<<< **第二篇**

理论篇

第四章 总 体 思 路

"十四五"是我国开启全面建设社会主义现代化国家新征程、向第二个百年奋斗目标进军的第一个五年。以习近平同志为核心的党中央着眼全局、面向未来，坚持创新在我国现代化建设全局中的核心地位，把科技自立自强作为国家发展的战略支撑，要求深入实施科教兴国战略、人才强国战略、创新驱动发展战略，完善国家创新体系，加快建设科技强国，为南方电网"十四五"创新工作发展指明了方向。南方电网坚决贯彻习近平总书记关于创新的系列重要论述精神，加快建设国家战略科技力量，围绕国家碳达峰、碳中和战略目标与南方电网建设具有全球竞争力的世界一流企业发展目标，加快创新型企业建设。

第一节 总 体 要 求

以习近平新时代中国特色社会主义思想为指导，深入贯彻落实国家科技体制改革三年行动要求，强化企业创新主体地位，提高创新驱动发展能力，以改革创新为动力加快建设创新型企业，有效发挥创新对一流企业建设的战略支撑作用，服务"三商（数字电网运营商、能源产业价值链整合商、能源生态系统服务商）"转型，聚焦"四个面向（面向世界科技前沿、面向经济主战场、面向国家重大需求、面向人民生命健康）"，围绕创新管理体系各要素和创新链条各环节，从加强布局、优化投入、深化管理及巩固基础等四方面稳步推进与实施。

一是加强创新布局。瞄准南方电网"十四五"重点发展领域加强布局谋划，承担更多国家重大科研任务，培育壮大一流企业核心竞争力，更好地发挥创新在服务公司高质量发展和战略转型中的关键作用。

二是优化创新投入。统筹推进基础、前瞻与应用研究，统筹"三大创新（科技创新、管理创新、服务和商业模式创新）"投入，促进南方电网内外部企业创新合作，促进创新链、产业链、供应链深度融合，大力推动服务和商业模式创新。

三是深化管理创新。对标世界一流企业，持续加强管理创新，推动管理体系优化升级，推行全面质量管理，深化管理工具应用；完善体制机制，重点打造科技自立自强制度体系、核心技术攻关组织体系、新型举国体制模式，释放创新活力、提高核心能力，提升南方电网管理体系和管理能力现代化水平。

四是巩固创新基础。促管理、优布局、全组织、强平台、育人才、建生态。加强协同机制、创新平台、人才队伍、标准化建设，强化双链融合、创新方法应用，营造良好创新文化，构建创新生态，以高质量创新促进高质量发展。

南方电网不断总结阶段性发展成果及下一阶段目标，不断深化落实各项创新发展改革举措。2021 年 3 月，孟振平董事长在南方电网 2021 年创新工作会议上指出，南方电网作为中央骨干企业，是自主创新的"国家队"，肩负着创新的"国家使命"，必须进取担当、自立自强、攻坚克难，要抓好南方电网加强国家战略科技力量建设的实施意见的落实、落地，打造企业核心竞争力。

2021 年 8 月，孟振平董事长在 2021 年年中工作座谈会上指出，要将新型举国体制制度优势充分转化为创新发展战略优势，坚持人才和机制"双峰并立"，加强创新联合攻关，加快数字化转型步伐，促进创新成果转化应用，抓住机遇重构能源电力创新版图，坚持正向激励与纪律约束相统一，充分发挥人才第一资源作用。要激发科技队伍活力，进一步统筹创新人才队伍建设，将责权利同步向创新领军人才倾斜；建立科研工作试错、容错机制，健全挑战性与容错率并存的长效评价机制；强化纪律约束，为建设创新奠定坚实的诚信基础，形成让科研回归到科研本身的积极向上风气；加快培养高层次创新型青年人才，创造良好的机制、氛围和环境，把创新激情激发出来。

2021 年 9 月，南方电网印发了《南方电网公司"十四五"发展规划和 2035 年远景目标展望》，提出面向国家重大战略、面向行业科技前沿、面向生产经营一线需求、面向人民高品质生活，健全完善以科技创新为关键、以服务和商业模式创新为核心、以管理创新为保障的全面创新体系。

2021 年 12 月，孟振平董事长在南方电网 2021 年各部门、各单位主要负责人工作座谈会上指出，要推进创新链、产业链、供应链深度融合，策划一批具有产业化前景的科技项目，积极推动上下游企业协同创新，切实提高科技成果转化率和回报率。加大管理创新力度，加强管理体系建设的顶层设计，深化全面质量管理、试点管理"贯标"，奖励商业模式创新。

2022 年 1 月，孟振平董事长在南方电网第三届职工代表大会第五次会议暨

2022年工作会议上指出，要加快建立保障高水平科技自立自强的制度体系，提升科技创新体系化能力，建设能源企业创新高地，打造国家战略科技力量。要深入推进原创技术策源地建设，深化创新体制机制改革，大力推进管理和商业模式创新，推动创新链、产业链、供应链深度融合。

2022年4月，孟振平董事长2022年创新工作会议暨全面质量管理工作启动会上指出，要深刻把握创新工作的新形势、新任务、新要求，切实增强做好创新工作的使命感、责任感、紧迫感；要深刻认识坚持创新驱动发展是胸怀"两个大局"、掌握战略主动的必然要求，打造原创技术策源地是国有企业推进科技自立自强的职责使命，科技体制改革攻坚是新形势下推进自主创新的关键举措。

南方电网全面贯彻国家碳达峰、碳中和等重大战略及创新工作相关重要部署，落实国家重要文件和会议精神，南方电网成立专项工作组，下设6个专项小组，统筹三大创新、创新支撑、课题研究、内外部专家咨询等工作，南方电网市场、新兴业务、政研、生技等十余个部门和单位全程深度参与，不断明确要求，以坚持服务国家发展大局、坚持南方电网战略目标引领、坚持三大创新统筹协同、坚持远近结合系统布局为总体原则，至2025年，南方电网创新型企业建设展现新作为，形成以科技创新为关键、以服务和商业模式创新为核心、以管理创新为保障的全面创新体系，创新指数达到80分，研发经费投入强度达到1.5%，其中，基础前瞻研究经费投入占比15%，创新成为驱动南方电网发展的核心动力，有力支撑南方电网基本建成具有全球竞争力的世界一流企业。

第二节　规　划　布　局

1. 总体布局

贯彻十九届五中全会精神，落实人才强国战略，落实创新驱动发展战略，按照"战略引领、价值创造、求真务实、以人为本、自立自强、开放合作"的方针，面向国家重大战略、面向行业科技前沿、面向南方电网生产经营一线需求、面向南方电网高质量发展，以科研体制机制创新和科技人才队伍建设为抓手，统筹科技创新、管理创新、服务和商业模式创新，围绕产业链部署创新链，围绕创新链布局产业链，以创新作为第一动力，推动南方电网"十四五"高质量发展，助力南方电网建成具有全球竞争力的世界一流企业。图4-1为南方电网创新驱动总体布局。

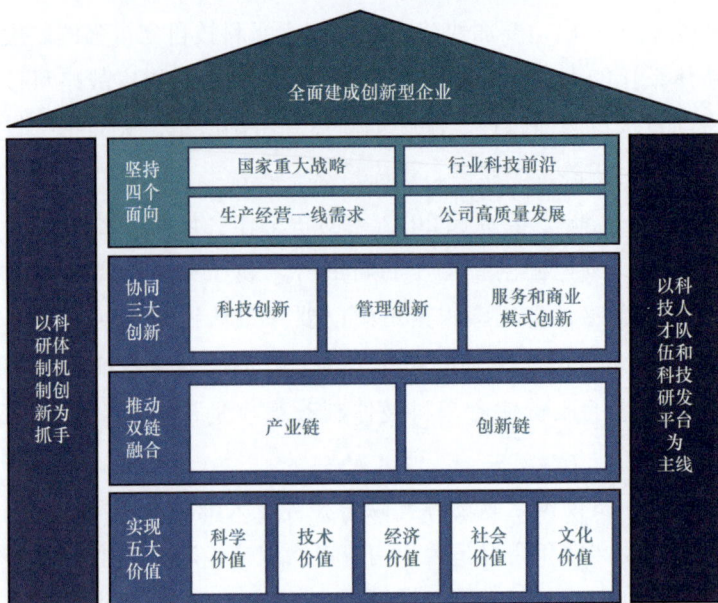

图 4-1　南方电网创新驱动总体布局

"十四五"期间，南方电网科研创新体制机制系统完备、运转高效，项目、平台、人才、资金等创新要素有效集聚，科技、管理、服务及商业模式创新协同发展。科技自立自强能力显著提升，具有重大行业影响力的创新成果竞相涌现，创新人才规模质量持续优化。创新链和产业链深度融合，开放合作的创新生态基本建成，国家创新型企业建设目标全面实现，使南方电网成为产业链"链主"、创新链"链长"企业。

2. 科技创新布局

（1）面向国家重大战略的科技创新布局。

源网荷储一体化和多能互补协同技术。攻克高精度数值天气预报技术、基于数据驱动的新能源中长期预测技术、新能源主动支撑技术、风光水火（核）储一体化协同技术和分布式电源集群聚合与群控群调技术。

新型电能传输技术。攻克超远距离大容量特高压直流输电技术、远海风电送出关键技术装备与运维、新型输电技术。

自主电力计算软件与平台技术。攻克自主可控电磁暂态实时仿真关键技术，研发自主可控的新型电力系统机电和电磁暂态仿真软件、自主可控高压电力装备多物理场专用计算软件和新型配电系统规划运行全景仿真一体化平台。

先进材料器件自主可控技术。攻克先进电工材料及装备技术和第三代半导体功率器件关键技术，研制大功率新一代电力电子器件。

电力专用芯片技术。攻克电力专用芯片核心技术和芯片化智能终端技术。

绿色电氢和先进储能技术。突破氢能绿色制取技术、先进抽水蓄能关键技术、大规模储能系统集成技术、先进前沿储能技术、储能系统安全管理与智能运维技术。

低碳零碳负碳技术。突破面向碳排放核查、认证的电碳因子测算技术、基于电碳流的天空地一体化碳排放全面监测技术、电碳流辅助碳排放核查监管技术、基于电碳流的碳排放预测、影响评估及优化技术和低碳零碳高效用能技术。

新型绿色发电技术。波浪能高效利用与智能运维技术、高效光伏发电技术和清洁化多元化生物质能利用技术。

到"十四五"末期，在电力专用芯片、电力基础软件和先进电工材料器件等领域形成若干个自主可控的拳头产品。在特高压直流、柔性直流输电领域继续保持国际领先水平，在源网荷储一体化、海上风电送出、电力超导应用、电力专业芯片、先进储能、波浪能发电等技术领域部分达到国际领先水平，在自主电力计算软件与平台、先进材料器件、绿色电氢、低碳零碳负碳等技术领域达到国际先进水平。在新型电能传输、源网荷储一体化和多能互补协调以及低碳零碳负碳技术方面形成完整的理论、技术体系和知识产权优势，为新型电力系统建设提供有效支撑。

（2）面向行业科技前沿技术的科技创新布局。

先进传感与智能量测技术。突破新型量测装备与信息处理技术、智能量测装备高可靠安全运行技术和适应新型电力系统的电能标准与先进计量技术，研制数字电网传感技术与智能终端。

先进电力通信技术。攻克大容量高安全骨干传输网络技术、灵活高效的电力数据网络技术、高可靠智慧化网络支撑保障技术、应急通信新技术和泛在化、高可靠、低时延、灵活接入的物联网通信技术。

电力大数据及先进计算。攻克电网模型高效构建技术、大数据可视化技术、电力系统先进计算技术和数字电网业务支撑技术。

电力数字孪生技术。突破新型电力系统数字孪生构建理论，攻克新型电力系统设备外观形态多维重建技术、实体关联关系智能分析技术、系统运行规律数据模型混合驱动认知决策技术。

电力人工智能技术。攻克电力行业视觉图像处理技术、支撑电力应用场景的语音识别技术、面向电力行业的自然语言理解技术、电力系统智能辅助决策技术、系统运行规律数据模型混合驱动认知决策技术。

新型电力系统稳定机理与安全防御技术。攻克新型电力系统新一代稳定控制技术、新型电力系统风险评估技术和大电网韧性提升技术。

交直流混合大电网智能调度与保护控制技术。攻克新型电力系统调度技术、云边融合智能调度运行技术、新能源设备群精细化仿真建模及验证技术和新型电力系统继电保护技术。

多元用户供需互动技术。突破源网荷储融合的广义负荷特征挖掘与负荷行为关联分析技术、规模化负荷与电网的信息互动和能量管理技术、多元用户供需互动和需求侧灵活资源聚合调控等技术。

综合智慧能源技术。攻克电氢气冷热综合能源系统联合规划技术、综合能源系统多能流协同调控技术和电力—城市基础设施智慧融合技术。

到"十四五"末期，在先进传感、电力数字孪生、电力人工智能、新型电力系统稳定机理与安全防御、交直流混合大电网智能调度与保护控制等技术领域达到国际领先水平，在多元用户供需互动部分领域达到国际领先水平，在智能量测、先进电力通信、电力大数据及先进计算、综合智慧能源等技术领域达到国际先进水平。通过体系化技术攻关，在数字电网技术和新型电力系统领域形成具有南网特色的技术优势，全面推动南方电网建成"电网状态全感知、企业管理全在线、运营数据全管控、客户服务全新体验、能源发展合作共赢"的数字电网，有力支撑大规模新能源接入下的大电网稳定安全运行，显著提升了终端用能电气化水平、综合能效水平及供需互动调控能力，逐步形成以电为中心的终端能源消费格局及技术支撑体系。

（3）面向生产经营一线技术的科技创新布局。

电网格局与规划技术。掌握概率化电力电量平衡技术、源网荷储协同规划技术、复杂大电网输电网规划技术、智能配电网和微电网规划技术和电网规划数字化支撑技术。

智能输变电设备技术。突破输变电设备智能化、透明化技术，攻克电力设备一二次融合技术，掌握适应新型电力系统特征的电力装备优化设计方法，研发先进直流电力设备。

柔性智能配电网技术。突破分布式能源监控与预测技术、新型配电系统源网荷储协同运行技术、柔性配电网技术、微电网技术、配电网装备智能化技术、配电网智能运维技术。

设备运行与维护技术。突破设备状态智能感知技术、设备智能巡检技术、设备状态数字化评价与诊断技术、设备运行可靠性提升技术和智能变电站集成数字化支撑技术。

防灾减灾与安全技术。掌握电网灾害监测预警技术、人身安全风险智能辨识和预警技术、智能生产安全工器具和作业智能化技术，研发应急处置技术及防灾减灾装备。

电网工程建设与供应链技术。研究数字基建技术、绿色基建技术、智慧仓储与智慧物流技术、电力设备智慧品控技术、供应链大数据挖掘与应用技术，突破电网建设智能机械化施工技术并研发装备。

电力系统网络安全技术。突破深化网络安全监测追溯与响应处置技术、电力监控系统网络安全防护加固技术和网络安全防护提升技术。

电力市场运营技术。研究以新能源为主体的电力市场交易机制和新型电力系统下多元市场主体的运营机制及商业模式，掌握适应高比例可再生能源接入的电力现货市场国产化出清技术、以新能源为主体的电力市场风险防控等技术。

到"十四五"末期，在电网格局与规划、防灾减灾与安全、电力市场运营等技术领域达到国际领先水平，在智能输变电设备、柔性智能配电网、设备运行与维护、电网工程建设与供应链、电力系统网络安全等技术领域达到国际先进水平。

数字化转型、机器代人在多元业务场景广泛应用，覆盖"网省地县"、具备秒级响应在线分析功能的智能调度体系持续深化，构建具有自主知识产权的智能设备和设备智能化技术体系，实现电力设备的状态可见、可知、可控，推动人、物、环境各要素安全可靠、和谐统一，促进电网本质安全水平有效提升，显著提高了南方电网全业务链条运营水平，技术创新有力支撑各个业务领域高质量发展，促进各业务领域实现效率变革、动力变革、质量变革。

（4）面向人民高品质生活技术的科技创新布局。

现代供电服务技术。掌握电力用户需求潜力挖掘及数字孪生画像技术、客户用电安全风险预警及智能用电稽查技术和电力数据增值服务支撑技术。突破用电数据智能化监测及异常信息筛查技术，实现窃电行为自动化识别。研发客户用电安全风险在线监测预警平台等客户服务系列产品，形成电力数据定制化服务产品生产线，打造智慧化、精细化现代供电服务能力。力争获得省级科学技术奖。

高品质供电技术。掌握供电可靠性评估及网格化预测技术、供电数智化提升技术，攻克"光储直柔"供电技术。建立新型电力系统电能质量评估指标体系，掌握供电可靠性评估及网格化预测技术；形成电力检修车、带电作业车等特种作业车辆、模块化配电自动化终端、配电智能控制设备等产业化成果。力争获得中国计量测试学会科学技术进步奖。

营销数字化技术。掌握线上客户服务技术，应用微服务架构、智慧中枢等技术，完善"南网在线"。掌握客户精细化服务技术，研究精准客户画像，优化完善用户分群、分类管理，制定差异化服务策略。掌握新一代智能量测技术，研究建立新一代智能量测体系。掌握智能客服技术，推广智能客服、智能 IVR、智能质检。掌握电力需求侧管理技术，实现可中断负荷实时精准控制。实现 95598 热线服务智能化和营销微服务应用，建立智慧核算体系，掌握智能客服、智能 IVR 技术。研发智能电表管理基板及操作系统、带计量功能的智能终端并实现产业化，形成智慧营业、智能客服系列产品（话机器人、知识库系统、智能客服辅助、智慧工单服务等）等产业化成果。力争获得中国电机工程学会科学技术奖。

到"十四五"末期，在现代供电服务、高品质供电和营销数字化技术领域达到国际先进水平。推动市场营销及客户服务管理数字转型，促进提供全渠道覆盖、全业务承载、全数据整合及全方位服务，支撑南方电网现代供电服务体系建设。在可靠性评估预测、不停电作业技术、配电网自动化自愈应用、电力领域 5G 通信应用等领域形成系列技术成果，促进供电可靠性持续提升；持续提升源—荷强随机性下电能质量监控和综合治理水平，强化新型电力系统电能质量治理技术创新，营造内外联动、共同防治的供用电氛围，满足"高精尖"客户提出的多元化高品质用电需求。

3. 管理创新布局

面对供给侧结构性改革、电力体制改革、国企国资改革交织推进及新兴技术快速发展的新形势，能源企业在管理上，要更加规范，消除短板，严控成本，实现企业发展从粗放向精益的转变；在投资上，要精准、精细，力争"花小钱、办大事"，提升投资效率效益，确保资产保值增值。能源企业需转变管理观念，从偏好追求政绩的观念向承担盈亏责任的自我管理理念转变，从单一生产意识向追求经济效益的市场意识转变，从片面追求利润最大化向对社会发展、生存环境和用户负责的多元化目标转变。剥离企业不应承担的各种社会职能和政府职能，按照专业化社会协作的方向，分离服务部门等非生产主体。强化生产前的市场研究、经营决策、技术开发和生产后的产品销售、用户服务、广告宣传等经营职能，使企业组织结构具有高度适应市场经济的能力。积极引进先进的管理技术，促进企业管理的高度集约化和信息的共享，不断提高管理的效率和质量。

4. 服务创新布局

随着经济转型持续升级，电力市场化竞争持续加剧，电力消费需求会向新兴产业、服务业和生活用能倾斜，更多市场主体参与市场竞争，终端用户的用电主动性日益凸显，电力市场趋于成熟，交易品种丰富，交易规则完善，交易市场范围扩大，增值服务将成为主要竞争方向，"云大物移智"等新兴技术将越来越多地应用到客户服务领域，客户服务水平将极大提升。南方电网作为能源央企子公司，其根本职责是为深圳地区经济社会发展和广大客户提供安全、可靠的供电服务，客户满意度是检验南方电网服务工作质量和水平的关键指标。未来，南方电网将利用和发挥大湾区核心引擎优势，主动接轨国际，对标国际顶尖供电服务，提供更加环保的供电服务、更为便捷高效的智能客户服务和共赢共享服务，建立"互联网＋电力服务"模式，实现数字化的客户管理和企业运营，使服务成为驱动南方电网价值创造的关键支柱。

5. 商业模式创新布局

数字化时代，实体经济不断利用技术手段实现数据化和万物连接，商业结构发生了巨大改变，未来的商业模式也面临重构。预计到 2025 年，商业模式的发展趋势将包括平台模式、价值颠覆和跨界融合等。

平台模式。进入数字化时代以来，平台模式突破了空间限制，实现了突飞猛进的发展，其核心作用是提供更广泛的连接。以阿里巴巴为例，通过整合信息流、资金流、物流等要素，取得了巨大成功，平台模式在未来将是赢者通吃的趋势。

价值颠覆。越来越多的企业通过利用数字化或互联网技术，提升企业自身的生产、运营及内部管理效率，让产品和服务变得更简单、更便宜、更便捷。过去利用信息不对称优势赚取高额利润的时代难以持续，一些小公司利用新兴市场机遇迅速做大，数量级达到吸引主流市场的时候，便足以颠覆大公司，颠覆与被颠覆的案例将更加频繁地出现。因此，大公司在推陈出新、满足现有客户史高要求、提升利润水平的同时，必须关注新兴市场机遇，持续性与颠覆性的技术创新并重发展，实现价值颠覆。

跨界融合。工业化时代，强调专业化发展，很多企业的多元化尝试以失败告终，而随着数字化发展，数据成为行业的基本要素之一，将原来的壁垒和边界通通打破。近年来，世界 500 强领先企业出现了越来越多跨界融合的成功典范，中国最强大的互联网公司（百度、阿里巴巴、腾讯）也是跨界的公司，跨界融合也成为大型企业未来的发展趋势之一。

第五章 理 论 工 具

第一节 先进的管理方法和工具

南方电网深圳供电局高度重视管理能力的建设和提升。2010—2016 年，南方电网深圳供电局秉承先进的管理方法，以一体化管理为主线，建成由战略体系、综合管理体系和业务管理体系构成的企业管理体系 CSG2.0。2016—2018 年，南方电网深圳供电局以精益管理为载体，全面推进创建国际先进电网企业，管理能力稳步提升。2018 年以来，南方电网深圳供电局持续开展对标管理、质量控制（quality control，QC）小组活动，试点开展卓越绩效评价，取得了良好的成效。然而，仍存在质量管理不系统、不全面，"大质量"观念未深入人心，专业管理体系的协同性不强，先进管理理念、方法、工具应用不足的问题，需要进一步优化提升。

为加快建设具有全球竞争力的世界一流企业，南方电网整体谋划、统筹开展"十四五"期间全面质量管理工作，构建具有南网特色、国际领先的管理模式和标准，促进公司高质量发展，南方电网制订《南方电网公司全面质量管理工作总体方案》。世界一流企业，需要世界一流管理。经过多年发展，南方电网深圳供电局积极落实南方电网的方案，在现有管理的基础上，积极引入国际上具有共识、普遍适用的先进管理体系和管理方法，用"国际语言"和"国际标准"融入世界一流，推动管理体系与国际接轨。全面质量管理经历了多年发展，是在世界上具有共识、世界一流企业普遍应用的管理框架和方法。

1. 工作思路

以习近平新时代中国特色社会主义思想为指导，以南方电网发展战略为引领，以服务南方电网高质量发展为目标，坚持目标导向、问题导向、结果导向，以企业管理体系升级为主线，以全面质量管理为抓手，按照"系统策划—顶层设计—理念导入—试点总结—全面推广—持续提升"的工作路径，全员、全业务、全过程导入全面质量管理的思想、理念，开展管理成熟度评价及贯标，根据评价结果分层、分类优化提升企业管理，应用管理工具解决管理堵点、痛点、难点。大力倡导工具理性和专业主义精神，引导南方电网各部门各单位及各级员工主动发现问题、分析问题、解决问题、总结经验、持续改善，提升管理效能，形成管理素养，培育持续改进的工作习惯，加快推动数字化赋能管理和业务变革，形成国际领先的企业管理模式和样本，持续提升南方电网产品质量、服务质量、经营质量、管理质量，打造南方电网管理品牌。

2. 工作目标

总体目标："十四五"期间稳步开展全面质量管理工作，全面落实各项重点举措任务，完成战略指标、"十四五"规划指标等关键指标目标任务，达成"五个一"工作目标，形成追求卓越的知行文化，推动南方电网高质量发展。

一套科学管理体系：实施管理体系优化升级工程，全面建成体系完备、科学规范、运行高效、与国际接轨的南方电网企业管理体系。

一类管理评价标准：总结各单位实践经验，结合国内外成熟理论和相关标准，形成并输出符合行业特点、南方电网实际的管理成熟度评价模型。

一批管理标杆范本：打造一批具有南方电网特色的管理标杆和范本，培育具有国际影响力的企业管理实践。应用南方电网知识管理共享平台，构建项目库、工具库、成果库等若干知识库，实现相关成果在南方电网系统的共建、共享。

一支骨干人才队伍：将全面质量管理培训纳入各级培训课程，培养一支全面质量管理推进者、自评师、评审员等骨干队伍。

一种追求卓越的知行文化：践行"策划、规范、改善、卓越"的工作理念，采取多形式、多途径的理念学习、知识培训，将全面质量管理理念融入每个岗位的实际工作中，形成以"知行"文化为统一基因，深入人心的全面质量管理理念和文化。

构建"1+2+N"创新管理制度体系：制定1个基本制度《创新工作管理规定》，明确创新工作职责分工、基本原则、管理内容与管理要求。制定2个重要制度《创新评价管理办法》和《创新奖励管理办法》，构建创新工作激励与约束机制。制定N个相关制度，由公司各职能部门在创新业务、计划财务、人力资源、评价考核、物资采购等管理制度中具体落实国家创新政策规定。

容错机制为改革创新者撑腰鼓劲：南方电网深圳供电局坚持面向国家重大战略、面向行业科技前沿、面向生产经营一线需求、面向人民高品质生活，强化各类创新的统筹管理与有机融合，推动战略、组织、制度、资源等创新要素的协同匹配，形成相互促进、共同发展的有机整体，通过完善南方电网科研体制、创新科研机制、统筹创新要素、激发科研活力推动科研工作实现质量变革、效率变革和动力变革。

南方电网深圳供电局积极贯彻落实南方电网推行的一系列科技体制改革举措。在创新项目组织方面，集中公司优势资源，发挥集约化优势，变革创新项目组织模式，创新实施了"揭榜挂帅""赛马攻关""成果知本券"等管理模式。在创新活动开展方面，严格遵守科研工作容错机制，划好底线和红线，保护好创新热情，形成"允许创新有失误、但不允许不创新"的鲜明导向。在科研成果管理及转化方面，制定离岗创业、跟投等一系列具体举措，保证科研成果在"从 0 到 1、从 1 到 N"的过程中，能够快速贯穿创新链、产业链和供应链，形成相互衔接、协同推进的工作链条。

第二节 导入全面质量管理理念

南方电网深圳供电局以全面质量管理工作为发展战略，坚持目标导向、问题导向、结果导向，"十四五"期间按照南方电网"6343"的总体要求稳步实施。

"6"：抓好系统策划、顶层设计、理念导入、试点总结、全面推广、持续提升六大实施关键环节。

"3"：依托数字平台、人才队伍、文化培育三大管理支撑。

"4"：构建人才库、项目库、成果库、工具库四大管理成果库。

"3"：按照 2022 年理念导入、试点实施，2023—2024 年全面推广、管理提升，2025 年持续提升、争创标杆的三个阶段实施。

2022 年，启动南方电网全面质量管理工作，编制指引性文件，明确全面质量管理工作实施的路径、方法和工具，导入全面质量理念和方法，选取第一批单位开展试点建设，及时总结经验和成效，形成可在南方电网系统全面实施的质量管理评价导则和实施指南。

2023—2024 年，南方电网系统管制类业务单位完成全面质量管理实施工作，通过实施管理体系优化升级工程，基本建成南方电网特色企业管理体系。

2025 年，南方电网系统竞争类业务单位完成全面质量管理实施工作，全面建成体系完备、科学规范、运行高效、与国际接轨的企业管理体系，实现管理体系、管理能力现代化。图 5-1 为公司全面质量管理工作体系框架图。

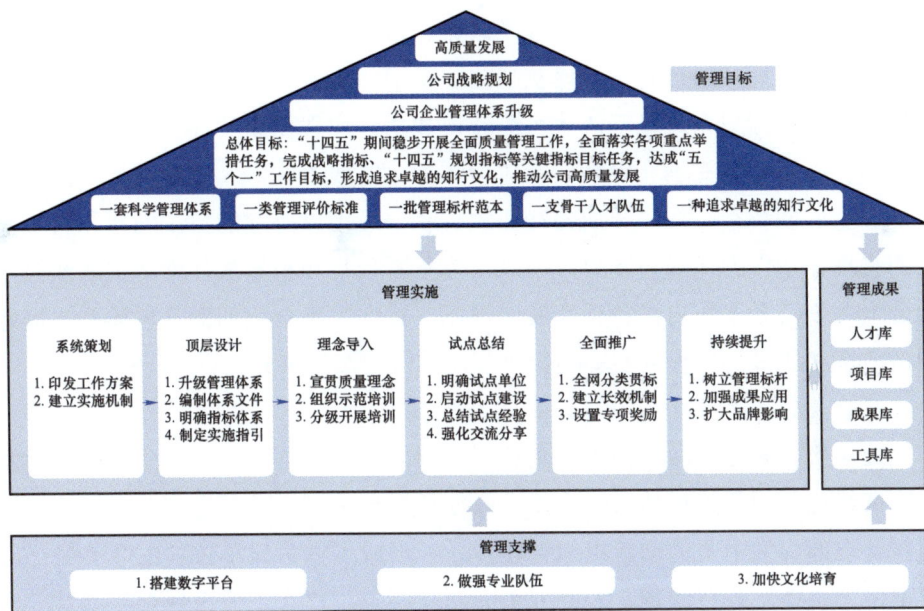

图 5-1 全面质量管理工作体系框架图

第三节 ISO 56000 创新管理体系国际标准

2019 年以来，国际标准化组织结合全球创新管理最佳实践，陆续发布 ISO 56000 创新管理系列标准，以指导组织提升在不确定性环境下的生存和发展能力。南方电网与时俱进，以习近平总书记关于创新工作的重要论述为指导，应用 ISO 56000 创新管理系列国际标准工具，打造导向正确、国际接轨、系统规范、运行高效的企业创新管理体系，推动项目、平台、人才、制度、资金等创新要素有效运转，为公司建成具有全球竞争力的世界一流企业注入强大的创新动力。南方电网以实践经验为基础，运用体系化方法，构建了南方电网创新管理体系框架，阐述了创新策划创新实施绩效评价创新改进等环节的建设内容及关键要求，使之能有效指导新发展阶段下公司创新管理体系建设与科技体制改革，推动公司在不确定性条件下更好地实现创新价值，为公司建设成为国家可依赖的战略型科技力量提供科学指引。

1. 企业创新管理体系

创新活动是复杂的系统工程，充满了不确定性和高风险。复杂性在于创新种类的多样性及其跨专业、跨学科的鲜明特点。不确定性不仅来自管理、技术、生产、资金等企业内部因素，还涉及政策、市场、社会、自然等外部因素，只有进行周密管理，通过管理手段从战略、组织、资源、文化、制度及流程等方面进行精心设计与系统推动，才可能获得成功，实现创新目标。企业创新管理工作的实施需要依托创新管理体系建设实现。实践表明，大多数世界一流企业都是典型的创新型企业，要成为行业领军者，必须以持续的自主创新和科学高效的管理体系作为保障与支撑。同时，需不断吸收和积累最佳创新实践经验，结合世界一流企业的内涵特征和发展规律，持续完善企业创新管理体系，提升创新效率和质量，确保创新驱动价值创造的可持续发展。

2. 公司创新管理概况

近年来，南方电网贯彻落实党和国家创新工作部署，大力推动创新驱动发展，持续优化创新管理体系。构建了以创新领导小组为领导机构，网省地三级创新管理部门为中坚的创新组织管理体系，形成了以科研单位、生产单位、产业单位为主体，各有侧重、协同分工的创新链条，建立了覆盖规划、项目、成果、平台、奖励等创新核心业务的制度体系；打造了一支高素质创新人才队伍，建设了专业齐全、结构合理的科技创新平台体系，初步构建起以科技创新为关键，以服务和商业模式创新为核心，以管理创新为支撑的全面创新体系，基本形成了公司创新管理的"四梁八柱"。南方电网在创新管理体制机制建设中取得了显著成绩和阶段性成果，但同时要看到，当前公司科技创新体系运作效能不高，价值创造能力不强，责任传递"上热、中温、下冷"现象仍比较突出；符合科研活动规律的科技管理机制、协同创新机制、成果推广机制、人才培养机制、评价考核机制、激励约束机制等尚需进一步系统性优化，亟须积聚力量加快创新管理体系建设与科技体制改革，围绕制约公司高水平科技自立自强的问题开展改革攻坚，转职能、补短板、抓落实、增活力，以关键点的突破引领改革向纵深推进，提升科技创新体系化能力。

3. 创新管理体系建设思路

以习近平总书记关于创新工作的重要论述为指导，应用 ISO 56000 创新管理系列国际标准工具，落实国家创新体系建设与科技体制改革的有关要求，全面承接公司发展战略纲要，坚持"战略引领、价值创造、求真务实、以人为本、自立自强、开放合作"的创新方针，准确把握创新活动自身发展规律，借鉴全球最佳实践经验，瞄准创新管理卡点、瓶颈，明确创新管理提升策略，进一步强化资源统筹、完善制度体系、优化业务流程，打造导向正确、国际接轨、系统规范、运行高效的公司创新管理体系，推动创新管理各业务环节高效协同，实现"五个一"（一套运转高效的创新机制、一个和谐共赢的创新生态、一支素质优良的人才队伍、一批实力卓越的创新平台、一批行业领先的创新成果）的发展目标，充分发挥创新对世界一流企业建设的战略支撑作用。

4. 创新管理体系框架

为使创新管理更加高效，实现预期创新目标，必须构建一套完善的运作机制，明确创新策划、实施、评价、改进和管理支持等环节的管理要求。借鉴国际创新管理先进经验，结合公司创新管理发展现状，明确创新管理体系框架（见图5-2）。

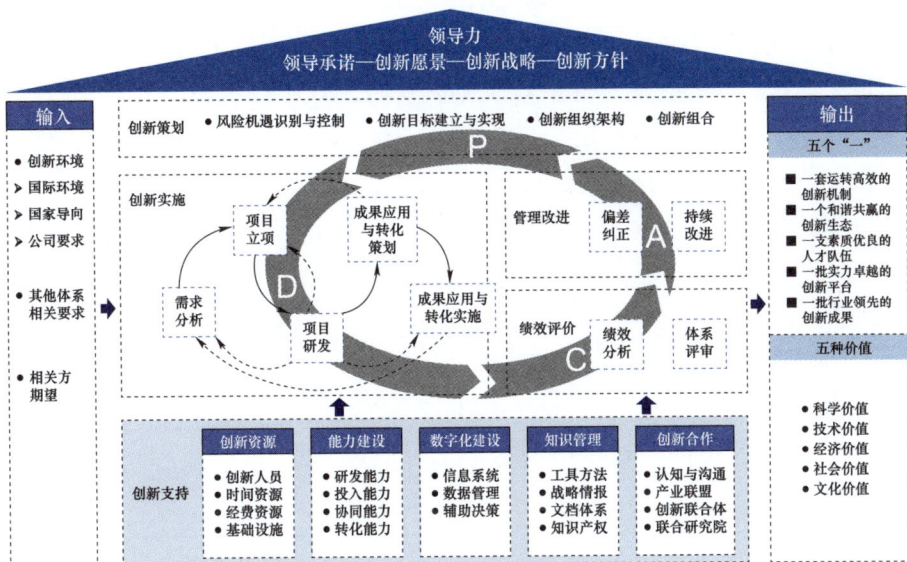

图5-2　创新管理体系框架图

第六章 新型科技创新体系

经过"十三五"期间发展，南方电网深圳供电局以科技创新为关键、以服务和商业模式创新为核心、以管理创新为保障的全面创新体系初步建立，创新发展成效显著、基础良好。表 6-1 为创新发展 SWOT 分析表。

表 6-1　　　　　　　　　　创新发展 SWOT 分析表

优势（strengths）	劣势（weakness）
• 创新体制机制建设初具成效 • 核心技术攻关能力和自主化率持续提升 • 高压直流输电、柔性直流、大电网等技术领域达到国际先进水平 • 商业模式创新发展内外部资源丰富 • 稳定现金流为商业模式创新提供有力资金支持	• 卡脖子问题仍然存在，关键领域核心基础技术受制于人的格局还未彻底扭转 • 创新引领能力与前瞻探索需求不匹配，引领掌握未来科技变革方向核心技术较少 • 技术研究布局对支撑"双碳"目标实现、应对新型电力系统"双高"趋势的技术储备力量有待提高 • 前、中、后台运作机制尚未成熟，服务创新方面亟待加强 • 创新成果转化不充分、应用比例不高，商业模式创新不足
机会（opportunity）	威胁（threats）
• 区域协同发展为能源电力技术创新、商业模式创新提供新机遇 • 全面深化改革，激发管理创新变革活力 • 构建一流用电营商环境对电力服务品质提出新要求 • "双碳"目标为能源电力清洁低碳转型指明方向 • 新型电力系统建设深刻改变公司服务边界，为服务内容、服务方式和服务理念带来创新空间 • 产业升级转型拓宽业务和商业模式创新空间	• "双碳"战略要求打破技术固有界面和可再生能源高比例接入，技术创新复杂度和难度空前提升 • 科技创新外部环境复杂，全球化遭遇逆流，我国遭遇的技术封锁日趋严格 • 支撑"双碳"和新型电力系统目标实现的技术体系尚未形成 • 商业模式创新发展不平衡、不充分的问题依然存在 • 新兴业务市场竞争挑战不断增加

"十四五"期间，必须准确把握发展环境和条件的深刻变化，落实人才强国战略、创新驱动发展战略，服务国家粤港澳大湾区发展战略、西部大开发战略、乡村振兴战略，坚持"战略引领、价值创造、求真务实、人才为本、自立自强、开放合作"的方针，面向国家重大战略、面向行业科技前沿、面向生产经营一

线需求、面向人民高品质生活，完善科研体制，创新科研机制，统筹创新要素，激发人才活力，推动科研工作效率变革、动力变革、质量变革，持续深化推动科技创新、管理创新、服务和商业模式创新，加快建设创新型企业，使创新成为南方电网建设具有全球竞争力、世界一流企业的第一动力，使南方电网成为国家战略科技力量。

第一节　构建分层分级的科技创新体系

以习近平新时代中国特色社会主义思想为指导，深入贯彻党的十九大和十九届历次全会精神，全面落实国家科技体制改革三年攻坚方案工作部署和南方电网党组有关科技体制改革工作要求，聚焦"四个面向"，坚持"双轮驱动"，围绕制约南方电网高水平科技自立自强的问题开展改革攻坚，转职能、补短板、抓落实、增活力，以关键点的突破引领改革向纵深推进，实现改革措施落地见效，提升科技创新体系化能力，为打造国家战略科技力量提供更强有力的体制机制保障。积极实施创新驱动发展战略，统筹人财物等创新要素，以科研"新型举国体制"推动重大科技创新，瞄准碳达峰、碳中和目标，深度融入"两新一重""两区一港"建设，高质量完成南方电网"十四五"创新驱动规划编制，明确科技创新10大重点研发方向和8大产业链方向，为建设科技强国贡献力量。

一是优化创新体系中各层级定位。南方电网负责定方向、定前沿、定政策，统筹人财物等创新要素，负责国家级科技项目实施管理；省公司负责落实资金、执行项目、开展示范工程管理；地市局负责开展职工创新和成果推广应用。

二是创新管理部是南方电网创新工作的综合管理部门，牵头研究需求、优化项目、统筹资源配置、完善制度和做好服务。各部门按照"管业务要管创新""管业务要管成果推广"的要求，分别负责本业务领域创新工作。通过分工协作，促进项目、平台、人才、资金等创新要素顺畅流动，以要素流动牵引组织协同，着力解决科研力量分散问题，实现南方电网科技成果推广应用清单、新技术（产品）推广目录、品类优化目录有效衔接。

三是将南方电网科学研究院（简称南网科研院）、南方电网数字电网研究院（简称南网数研院）、南方电网能源发展研究院有限责任公司（简称南网能源院）（以下简称三大院）打造成战略型科研专业队伍，科研院、数研院以基础性、前瞻性、关键共性技术研发应用为重点，增强研究开发、工业设计、检验检测、试验验证、重大成果产出等方面对南方电网及能源行业上下游企业服务支撑能力；能源院增强国家和能源行业宏观政策、五省（区）经济社会发展研究咨询的智库作用；产投集团增强科技成果转化、知识产权服务、知识信息服务等方面对南方电网及能源行业上下游企业服务支撑能力；各省级电科院主要负责特色优势关键技术、应用型技术研发和产业拓展。

四是研究建立创新投入产出绩效评价体系，科学评估各单位科研成果的科学价值、技术价值、经济价值、社会价值、文化价值，定期开展评价工作。加强创新投入产出绩效评价结果应用，在满足上级要求研发经费投入预算内，南方电网统筹安排各单位年度科技项目经费，对投入产出比高、研发加计扣除成效显著的单位予以倾斜，纳入各单位计划预算统筹安排，提高创新投入产出效益。

五是突出价值导向，根据国资委对经营业绩考核的最新要求，研究优化分子公司经营业绩考核指标，一企一策设定创新考核指标。对管制类单位、调峰调频南方电网及三大院，重点考核自主创新能力、国家级科技奖励、国际标准制定；对非管制类单位，重点考核成果转化收益、商业模式创新及服务能力提升。

南方电网深圳供电局按照"统筹创新资源、服务经营业务、引领行业方向、支撑卓越发展"的方针，优化公司内部工作机制，完善公司战略性、亟须的重大课题策划程序，优化公司创新项目分层分级管理机制，充分调动公司各部门（单位）的创新动能，激发全员创新活力，构建公司新型科技创新体系，形成机制健全、要素集聚、活力迸发、保障有力的创新发展格局，服务公司生产、建设、经营、发展。建立以创新领导小组为牵引，以创数部为综合统筹，以业务管理部门为创新主力军，以综合管理部门为创新保障，以"一院三中心"为科研主体，以基层单位为创新前沿阵地，以新兴业务公司为产业化支撑的"7个1"新型科技创新体系，适应新形势下公司创新工作高质量发展的需要，打造"深供创新体系样板工程"如图6-1所示。

1个牵引——创新领导小组：创新领导小组是公司创新工作的决策机构，充分发挥在创新体制机制建设、创新规划制定、重大项目决策、重点成果转化及推广应用、重大奖励审定等创新重点工作上的决策、指导作用。

1个综合统筹部门——创数部：创数部作为公司创新工作的综合统筹部门，负责引领公司创新发展方向，重点职能是洞察需求、完善制度、优化项目、做好服务，整合创新资源，搭建创新平台，系统谋划公司创新工作目标任务，统筹协调各部门（单位）抓好创新工作。

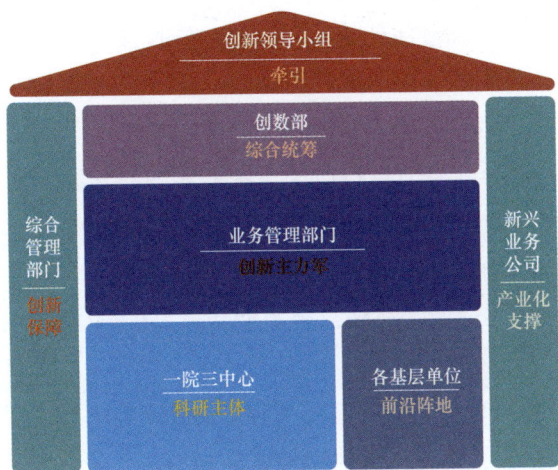

图 6-1 南方电网深圳供电局创新体系样板工程

1 类创新主力军部门——业务管理部门（包括资产部、市场部、配网部、工程部、系统部）：业务管理部门作为本业务领域创新的主力军，要按照"管业务要管创新"的要求负责本专业领域的创新工作，结合本领域"十四五"发展规划的目标，积极提出创新需求，主动策划创新项目，特别是国家重点级、省部级及公司重点项目，推动本领域真创新、创真新。各业务部门（单位）在获得公司给予创新资源的同时，也要落实创新考核、评价责任，推动公司创新工作向更高质量的发展。

1 类创新保障部门——综合管理部门（包括办公室、企发部、人资部、财务部、产业部等）：综合管理部门在积极推动本领域创新工作的同时，要提供创新资源，落实创新保障，营造创新氛围。

1 类科研主体单位——一院三中心："一院"即国网电力科学研究院（简称电科院），要做实科技创新中心。科技创新中心在业务上接受创数部的指导及考核。一方面，要做好对公司创新职能管理的支持。电科院要为公司创新管理的决策提供支撑，协助负责公司科技创新规划，协助负责重点科研方向和重大项目的策划，协助负责成果转化、项目管理、人才及平台管理等工作，在业务上接受创数部的指导。另一方面，要发挥对公司科研工作的支持。电科院作为公司主要科研力量，要及时优化现有的电能质量、直流配电等技术研究领域，适时调整研究方向，聚焦新型电力系统、数字电网、新型储能、电碳耦合等原创技术方向，开展新型电力系统关键核心技术研究，助力公司打造原创技术策源地。"三中心"即调度中心、信息中心、规划中心。该中心作为科研主体，要结合公司相关领域的"十四五"发展规划目标，发挥技术优势和人才优势，支撑业务管理部门，积极主动策划承担创新项目，培育创新成果，协助完成公司创新指标。"一院三中心"要做好与公司各业务部门的科研支持。以各业务发展规划和目标为导向，充分利用前期科研工作中积累的经验和创新资源，与外部高校、科研机构、兄弟科研单位等建立联合创新机制，做好支撑和联动。要与业务部门形成联动，积极主动策划承担创新项目，尤其是国家重点级、省部级和公司重点项目。"一院三中心"在获得公司创新资源的同时，也要落实创新考核、评价的责任。

1类创新前沿阵地单位——各基层单位（包括计量中心、客服中心、输变电、各区局等）：各基层单位要发挥属地管理优势和服务支撑优势，立足一线需求，策划实施解决生产经营实际问题的创新项目，积极推动业务管理部门策划的重大项目开展示范应用，推动职工创新，推动科技成果转化，优化创新生态。

1类产业化支撑单位——新兴业务公司（包括深港科创、能源技术公司、华睿丰盛等）：新兴业务公司要发挥创新链与产业链深度融合的作用，积极开展面向产业化的科研、成果转化等创新工作。特别是深港科创，要进一步发挥"网级科技成果转化、孵化、投融资"平台的作用，推动科技成果转化。

通过完善分级责任担当的科研管理机制，深入推进科技领域"放管服"改革，加快建成权责清晰、运行顺畅的科研管理体系。进一步优化网省两级科技管理事权和职能定位，南方电网负责定战略、谋规划、统资源、布任务、强监督，做好规划政策引导，统筹重大科研任务和资源配置；分子公司负责抓落实、育成果、促转化、强应用，推进战略规划落地，做好项目执行、工程示范、成果培育和转化应用。按照权责一致的原则，加大简政放权，赋予项目承担单位与科研人员更大的人财物支配权。健全问责、问效机制，压实项目承担单位对科研项目和人才的管理责任，强化科研人员责任意识。

到2024年，公司在科技体制改革的重要领域和关键环节取得突破性成果，高效协同的科技创新管理体系全面建成，关键技术核心攻关新型举国体制高效运转，项目人才平台资金一体化配置的新型科研组织模式成效彰显，从质量绩效贡献为导向的成果与人才评价激励机制更加健全，资源互补和谐共赢的创新生态更加优良。公司科技创新链条完整高效，人才、技术、资金等创新要素有效集聚，各类创新主体高效协同，自主创新能力显著增强，具有重大行业影响力的创新成果竞相涌现，科技人才规模质量持续优化，科研人员积极性、创造性充分激发，创新链、产业链、供应链深度融合，为"十四五"末南方电网基本建成具有全球竞争力的世界一流企业奠定坚实基础。

南方电网深圳供电局为深化实施创新驱动发展战略，全面贯彻落实南方电网的有关要求，同时结合公司发展规划、融合和服务深圳先行示范区建设行动计划、创新领导小组会议工作部署等涉及创新领域的相关任务，构建全面创新体系，以"为建设世界一流企业提供创新动力"为目标，统筹推进科技创新、管理创新、服务创新和商业模式创新，持续完善创新体制机制，形成各部门（单位）深度参与、齐抓共管，以"专业技术人员、职能管理人员、一线班组人员"为创新主体的全面创新体系。

一是健全全面创新机制，根据各类创新特点及相互联系，构建以专业技术人员、职能管理人员和一线班组人员为创新主体，以科技创新为关键，以服务和商业模式创新为核心，以管理创新为保障的全面创新体系。全面落实南方电网"1+N"创新管理制度体系，按照南方电网《创新工作管理规定》落实各部门（单位）创新工作职责分工、基本原则、管理内容与管理要求，完善组织管理、制度建设、规划管理、项目管理、平台管理、成果管理、奖励管理、推广应用、人才管理、评价考核等全链条创新机制，实现创新工作组织、制度、资源等管理上的协同匹配。

二是优化创新管理体系，建立创新领导小组，各部门、各单位、各专业齐抓共管、综合统筹的工作机制。创新与数字化部是公司创新工作的综合统筹部门，要洞察需求、优化项目、完善制度、做好服务；系统谋划公司创新工作目标、任务和关键举措，协调各部门、各级单位抓好创新工作。各部门（单位）按照"管业务要管创新、管业务要管成果推广"的要求负责本业务领域创新工作，综合管理部门提供创新资源，电力科学研究院等科研主体单位要抓好公司关键核心技术和应用型技术研发，基层单位做好职工创新，加强成果推广应用，营造全员创新氛围，形成合力。

三是制定公司科研主体"十四五"科技规划，加强公司科研主体建设，壮大科研主体力量，强本固元，利用自身优势，充分结合深圳特点，编制公司科研主体"十四五"科技规划，明确"十四五"期间公司关键核心技术研发方向，提升公司在科技创新中的话语权，打造核心竞争优势。

四是探索开展创新活动的容错、容败机制，在项目研发、成果许可使用及成果转化过程中营造鼓励创新、包容失败的创新氛围。针对全方位推进技术创新、产品创新、管理创新、市场创新、品牌创新，加快科技成果向现实生产力转化，推动科技与生产经营紧密结合过程中，严格执行决策程序和制度规定，出现失误的情况，经研究认定符合以下情况的，可以容错：①出于对大胆探索、先行先试，而不是有令不行、有禁不止的；②出于担当尽责，没有为个人、他人或单位谋取私利的；③由于不可抗力、难以预见等因素，而不是主观故意的；④经过科学决策、民主决策程序的，而不是个人或少数人专断、一意孤行的。

第二节 构建横向协同的大创新管理格局

以习近平新时代中国特色社会主义思想为指导，以南方电网发展战略为引领，坚持创新是第一动力、人才是第一资源，以科技创新为关键，以管理创新为保障，以服务和商业模式创新为核心，完善创新机制，落实创新责任，建设高素质创新人才队伍，推动以技术人员为主的科技创新、以管理人员为主的管理创新和以一线人员为主的职工创新，构建全面创新体系，加强创新领域党的建设，有效管控廉洁风险，使创新成为南方电网建设具有全球竞争力的世界一流企业的强大动力。

管理创新是支撑点和加速器，对科技、服务和商业模式创新起到保障和推动作用。而全面质量管理创新是理念、工具和方法，能够有效衡量企业发展水平，诊断存在的问题，帮助改进产品、服务质量。

"十四五"期间，南方电网将以企业管理体系升级为主线，以全面质量管理为抓手，按照"系统策划—顶层设计—理念导入—试点总结—全面推广—持续提升"的工作路径，全员、全业务、全过程导入全面质量管理的思想、理念，开展管理成熟度评价及贯标，根据评价结果分层分类优化并提升企业管理，应用管理工具解决管理堵点、痛点、难点。南方电网通过厘清各部门创新管理职能，强化责任落实，加快构建"创新部综合统筹、业务部门专业牵总、职能部门协同支撑"的大科技管理格局；完善创新领导小组办公室日常运作机制，研究制定议事规则，定期组织召开联席会议，加强对创新工作的统筹协调。落实"管业务要管创新""管业务要管成果推广"要求，进一步优化科技创新组织模式与工作机制，充分发挥业务部门在创新方向引领、项目策划、任务组织实施、成果推广应用等方面的主体作用；加强创新支撑保障机制建设，推动计财、人资、生技、基建、供应链等相关部门进一步完善研发投入、绩效考核、人才培养、成果推广、工程配套、采购服务等支撑保障措施；加快推动数字化赋能管理和业务变革，形成具有南网特色、国际领先的企业管理模式和样本，持续提升南方电网产品质量、服务质量、经营质量、管理质量，打造南方电网管理品牌。

南方电网深圳供电局以习近平新时代中国特色社会主义思想为指导，坚持创新是第一动力、人才是第一资源，坚持问题导向、目标导向、结果导向，完善创新机制，落实创新责任，建设高素质创新人才队伍，实现科技、孵化、产业三者联动，加强创新领域党的建设，构建"1234"的创新驱动发展框架，为南方电网率先建成具有全球竞争力的世界一流企业提供强大的创新支撑。

一是制订公司关键核心技术攻关行动实施计划，坚持面向公司生产经营一线，面向公司高质量发展，面向行业科技前沿，开展有价值的创新，承接南方电网关键技术攻关行动方案，聚焦电网安全稳定运行、5G 技术、电能质量、超导输电、智能电网、人工智能、数字电网、直流配电、储能、智慧运维、智慧服务、先进输变配用电装备等关键技术，制订公司关键核心技术攻关行动实施计划，提升自主创新能力，提升公司在科技创新中的话语权，打造核心竞争优势。力争用 3~5 年时间，实现一批重大技术突破，为建设具有全球竞争力的世界一流企业提供强大的技术支撑。

二是策划申报一批重大科技项目，根据国家科技项目申报指南，积极策划申报国家级科技项目。加强国际间合作，加大政府间合作专项申报力度。积极申报省部级和南方电网重点科技项目，在全网范围打造南方电网特有的科研专业品牌。充分发挥深圳地缘优势，借助本地创新资源，积极申报深圳市重点科技项目。

三是高质量制定公司"十四五"创新规划，做好科技创新、管理创新、服务创新、商业模式创新统筹，高质量制定公司创新驱动规划，围绕"卡脖子"关键技术、数字电网、智能电网、能源产业价值链整合及能源生态系统服务技术、支撑产业发展的技术研发等关键核心技术领域，高质量制订公司"十四五"科技发展规划实施计划，做好"十四五"重点研发方向布局。

四是组建公司重大科研团队，围绕 5G 技术、人工智能等核心技术方向，组建公司重人科研团队，打造具有深圳特色的关键技术领域科研团队，整体策划并全面推进相关研究方向的科技创新工作。积极参与公司重大科研团队在大电网安全稳定运行与控制、大容量储能、电动汽车运营、可再生能源消纳、电力现货市场、电力机器人、智能传感与透明电网等核心技术领域的技术攻关工作。履行公司"智能配电网"重大科研团队依托单位职责。资产管理部负责，创新与数字化部配合，常态化开展工作。

到 2022 年，公司全面创新体系基本建成，科技、管理、服务、商业模式创新协同发展，创新质量和创新能力不断加强。公司科技创新指数达到 75 分，研发投入强度不低于 1.2%，创新项目投入强度不低于 0.5%，累计有效发明专利拥有数超过 470 项。"十四五"前两年，累计承担南方电网及以上重点科技项目不少于 30 项，获省部级（含南方电网级）及以上科技奖励不低于 60 项，新增南方电网及以上重点实验室不少于 1 个，管理创新项目获省部级（含南方电网级）及以上奖励累计不低于 10 项，新兴业务（含华睿丰盛）利润不低于 3.6 亿。公司入选南方电网"科技人才库"不少于 5 人。

到 2025 年，公司全面创新体系有效运作，创新质量和创新能力达到行业先进水平，对行业进步与公司发展具有重大影响力的创新成果竞相涌现。公司科技创新指数达到 78 分，研发投入强度不低于 1.3%，创新项目投入强度不低于 0.6%，累计有效发明专利拥有数超过 800 项。"十四五"期间，累计承担南方电网及以上重点科技项目不少于 100 项，获省部级（含南方电网级）及以上奖励累计不低于 150 项，拥有南方电网及以上重点实验室累计不少于 3 个（其中国家级重点实验室不少于 1 个）。管理创新项目获省部级（含南方电网级）及以上奖励累计不低于 25 项，新兴业务（含华睿丰盛）利润不低于 4.4 亿元。公司入选"科技人才库"不少于 10 人。

第七章 新型科研组织模式

第一节 需求导向型科技项目形成机制

以习近平新时代中国特色社会主义思想为指导，全面贯彻党的十九大精神，深入实施创新驱动发展战略，坚持以科技领域"放管服"改革、优化创新发展环境为抓手，以最大限度调动和激发全社会创新能力和创新活力为目标，充分发挥财政资金的引导和撬动作用，让市场在科技创新资源配置中起决定性作用，建立以需求为导向的科技项目形成机制。

南方电网强化统筹布局，集中资源，聚焦关键核心与共性需求，构建需求导向型项目形成机制，充分征询专业业务部门意见，按"前瞻研究、应用研究、科研平台、科技成果转化、科技成果推广"实行分类立项、分级管理。统一编制南方电网年度重点科技项目储备计划，做好年度重点科技项目总体布局，并明确重点科技项目经费在南方电网科研经费中的占比。科技创新若无法转化为运用价值，无疑是极大的浪费。近年来，南方电网积极推动科技创新和体制机制创新"双轮驱动"，开展科技成果转化应用的探索实践，着力彰显科技创新价值。

（1）坚持需求导向。南方电网立足支撑社会经济高质量发展，从需求侧发力，开展技术需求征集工作，全面挖掘全网各领域、各行业的技术需求，通过分析凝练、科学分类，围绕打通转化通道、激发创新创业热情、激活转化活力、建立转化平台、探索合作共赢、实现创新链与产业链精准对接等目标，统筹配置创新资源，提高南方电网科技创新供给质量和水平。

（2）坚持顶层设计。南方电网按照"需求出发、目标导向、精准对接、主动布局"的思路，支持企业深入挖掘技术需求，以载体为依托，南方电网打造"双创"线上线下平台，"双创"线上平台为创新创业提供法律、财务、投融资、创业指导等专业服务；"双创"线下平台以科技创新主体、重点实验室、劳模工作室、产业链上下游企业等为载体，统筹协调推进建设。依托"双创"线上平台，实现成果信息、产业单位信息与转化服务的共享，促进全网科技成果转化服务资源的高效利用，推动企业成为科技成果转化的主体。

（3）坚持征集常态化。南方电网按照"需求征集→梳理凝练→智能分析→发布需求→精准对接"的实施路径，采取"征集一批、成熟一批、发布一批、对接一批"的组织方式，聚合南方电网内外优势创新资源，汇集精锐力量，全力突破技术难题。南方电网瞄准市场需求，在广东电网公司、南方电网深圳供电局试点建设科技孵化器，开展中试平台和孵化产品生产线建设，发挥孵化器连接科研、产业的纽带作用，推动高价值成果转化。

南方电网深圳供电局强化统筹布局，集中资源，加强重点科技项目策划申报实施，集中力量做好国家级、省部级、深圳市和南方电网等各级重点项目策划及申报，牵头申报国家重点研发计划"大规模电动汽车安全充放电与车—网智能互动关键技术""储能电池高精度先进测试表征和失效分析技术"，确保申报成功不少于1项；牵头申报国家重点研发计划"低损耗高频软磁材料及兆伏安级高频变压器研制"，并确保作为课题牵头单位；统一组织、协调内外部资源进行重点项目的攻关，聚焦关键核心与共性需求，掌握关键核心技术，按"前瞻研究、应用研究、科研平台、科技成果转化、科技成果推广"实行分类立项、分级管理；严把项目入库质量关，持续加强项目评审管理，重点就符合公司战略发展方向，符合高质量发展的要求，解决公司生产及经营紧急问题等方向加强项目储备；增加科技项目年度入库频率，每年组织开展不少于三次的科技项目入库评审，为各部门（单位）提供更多的科技项目入库的窗口时间。

第二节　分类施策的项目立项管理模式

南方电网深圳供电局构建分类施策的项目立项管理模式，坚持"三个导向""四个面向"，改进科技项目立项管理机制，高质量推动科技引领、业务支撑、产业创新三个层面科研布局；强化科技引领类项目的战略谋划，立足构建发展新优势，明确科研方向的总目标、路线图和里程碑，抢占竞争制高点，实现行业技术引领；明确业务支撑类项目的功能定位，聚焦生产经营一线难题，按照"需求方出题、业务部门审题、创新部门组织答题"模式，组织凝练业务创新方向和项目布局；突出产业创新类项目的先导作用，找准南方电网在产业链中的定位，聚焦战略性新产品研发与产业关键技术突破，推动南方电网战略新兴产业可持续发展。南方电网设立院士专项、院士后备人才和高潜人才专项、人才计划专项、专家专项、青年人才专项、实验室专项，强化定向支持，大力推动项目、人才、平台、资金一体化配置。

南方电网深圳供电局以顶层设计为统领，积极驱动科技创新发展，从科技项目立项源头做好成果转化应用工作布局，建立结果导向型项目形成机制；对科技项目进行分类立项、分类管理，有助于实现科技创新价值的最大化。具体来说，应用类项目细化预期成效和考核指标，建立以问题为导向的评价机制；结合技术成熟度、市场预期规模、竞争环境等，建立转化类项目遴选评估体系，在立项阶段明确转化目标及参与转化各方的知识产权保护及利益分配协议；综合考虑技术、业务、成本、管理、采购等多种要素，建立相关部门共同参与的推广类项目评估机制，为成果实现有效推广夯实基础。

南方电网创新项目包括科技项目与管理创新项目，实行统一组织，分级管理，分为国家级创新项目、省（区）级创新项目、南方电网级创新项目和分子公司级创新项目。南方电网创新管理部门负责国家级创新项目、省（区）级创新项目和公司级创新项目的申报审批，负责国家级创新项目的研发组织；各分子公司（直属机构）负责分子公司级创新项目的申报审批，省（区）级、南方电网级和分子公司级创新项目的研发组织。服务创新与商业模式创新相关研究工作，需申报创新项目的，按研究内容纳入科技项目或管理创新项目进行管理。南方电网职工技术创新项目原则上由基层单位组织项目策划与实施管理，各分子公司应制定职工技术创新项目的管理制度，确保职工技术创新项目与经费管理合规合法。国家级与省（区）级创新项目应严格执行政府主管部门颁布的管理制度，落实政府财政资金管理要求，抓好对项目合作单位的指导与监督。

创新项目策划采用"需求方出题、专业部门审题、创新管理部门组织答题"的工作机制，依托重大科研团队、联合实验室、行业权威专家等优势力量，着力提升项目策划质量，着力应用新技术、新成果、新方法，推动技术、流程、组织和制度等管理变革。创新项目立项管理包括前期策划管理及研发组织管理（相应流程图见表7-1），遵循南方电网项目管理"一库、一门、一计划"的统一要求，创新管理部门可将项目督导、后评价等应用于项目管理，不断提升管理水平。

表 7-1　　　　　　　　　　　创新项目前期立项管理业务流程图

业务领域	业务事项	流程节点	工作步骤	起草			审查			审核		审批	备注
				主管	经理/高级经理	副总经理/总经理	主管	经理/高级经理	副总经理/总经理	总法律顾问、总工程师、副总经济师等	议事机构	分管领导	
创新项目管理	创新项目前期策划管理	10	需求征集与申报	南方电网专家委、总部业务部门、南方电网联合实验室、南方电网重大科研团队及各单位△	归口管理部门/单位◎	归口管理部门/单位○	○		●				
		20	需求审查	△		总部业务部门●							
		30	指南编制与发布	△		◎				◎		南方电网分管领导●	
		40	可研编制	南方电网各部门、各单位△			本单位创新管理部门◎		本单位创新管理部门◎	◎		本单位分管领导●	报南方电网创新部
		50	可研评审	△	○			总部业务部门○	●				
		60	项目入库	△				◎	●				
		70	计划编制与下达	投资计划下达流程◆									

注　1. 图示说明：△起草，○审查，◎审核，●审批，◆接其他流程。

　　2. 注明部门的图标，如"归口管理部门/单位○"，表示由归口管理部门/单位审查；未注明部门的图标，如"○"，表示由该业务流程相关的部门负责审查。

　　南方电网深圳供电局对内加强科技项目与各业务的协同，加强项目策划与各业务"十四五"规划目标的联动。将项目策划与各专业的"十四五"规划目标相结合，各业务部门在"自下而上"报送创新项目需求时，须明确项目与本业务领域"十四五"规划目标的关系，确保创新项目助力各业务实现规划目标。同时，按照"需求方出题、业务部门审题、创新部门组织答题"模式，组织凝练业务创新方向和项目布局，按照南方电网及公司创新项目入库制度要求，建立指南模式的项目立项机制，从指南阶段、揭榜阶段与可研阶段，制定需求征集、形式审查、指南编制、指南评审、管理小组审批、发榜公示、指南揭榜、可研评审、第三方经费审查、项目入库等 10 项步骤。公司决策的科技项目（除推广应用类外）均按照此机制开展立项工作。

第三节 符合科研规律的技术服务采购方式

借鉴国家部委和先进央企项目管理经验，南方电网建立符合科研活动规律的科技服务采购管理机制，研究完善服务采购管理办法，支撑揭榜制、挂帅制、赛马制等新型科研组织模式高效实施；建立竞争性申报科技项目采购方式，系统内单位牵头参与政府部门或南方电网科技管理部门组织的竞争性科技项目申报，成功后可根据联合申报协议，采用单一来源方式进行项目委托；建立面向联合研究院的科技服务采购方式，与南方电网共建联合研究院的高校或科研院所视同内部单位，申报科技项目经立项评审后可采用单一来源采购方式进行委托。对科研急需的设备和耗材采用特事特办、随到随办的采购方式，可不进行招标、投标程序。

项目招标投管理规范化的策略包括：

（1）制定科学管理制度。管理制度是企业指导招标的纲领性内容。若要提高招标规范性，首先应加强顶层设计，制定科学的管理制度，完善整体招标机制，加强管理制度的约束，使招标行为更加规范，减少流标、废标等情况发生，从而提高招标整体效率。

（2）加强招标队伍建设。招标队伍的任务主要是服务好业主和投标人，为业主在政策、市场、技术要求、评标办法、评委选择、合同等方面提供解决方案，收集招标环节遇到的问题并反馈给业主。招标队伍建设要从三个方面着手：一是要加强招标人员的业务培训，如开展招投标法律法规知识培训和考试、项目建设相关知识培训、合同法培训等；二是要促进相同行业间的业务交流，学习借鉴好的经验；三是要加强招标工作人员的廉洁从业教育。

（3）科学编制招标文件。提高招标文件编制质量的关键是提高招标文件的科学性，主要措施有：一是编制时坚持公平和公正的原则，使用电网项目招标文件范本，不随意更改合同条款，不歧视投标人，不设定条条框框限制中标人；二是严格遵守电网项目建设规律，执行国家工期定额，合理设置工期；三是仔细研究各项目关键要素和特殊情况，明确重要节点的处理措施和方法；四是对于重点电网项目，在设计招标阶段要选择好的设计单位，保证图纸和项目清单质量。

（4）从严管理评标专家。首先，建立评标专家库，对专家申请人员严格审核，然后建立评标专家后评估制度，如果电网项目在实施过程中出现严重事故，要对其评标专家的评标过程进行核查，若是因专家不严谨造成，要追究专家的责任。其次，对评标专家定期进行评标技能和廉洁培训，提高发现标书问题和拒腐防变的能力，使专家考虑问题更全面、打分更准确，对多次无故不参加培训的人员进行通报或暂停评标资格。最后，持续更新专家库，对专家在评标过程中的表现做好记录，建立信用和能力档案，对专家进行评级并淘汰不合格的专家，重大项目评标时在最优等级类别中抽取专家，让专家的知识更好地为项目提供优质高效的指导。

（5）完善监督体系。完善的监督管理制度能够提高招投标管理的权威性和有效性。招标监督工作除要依靠法律制度和企业督促人员的监督外，还要依靠市场监督、舆论监督等社会监督手段。那么，如何建立并完善监督体系呢？一是通过法律监督保证招标工作有法可依、有章可循、有理可据，消除招标过程中的不法现象；二是利用好市场的监督作用，形成电力市场主体间相互监督的氛围，消除招标工作中的水分，确保招标工作顺利进行；三是充分发挥社会舆论的监督作用，通过微信、微博、电视、报纸等新闻媒体对招标进行大力宣传，提高公众对招标工作的认知，鼓励公众对不良行为的举报和曝光，对招标工作进行规范优化管理，使招标工作更加透明公正。

探索可研设计一体化招标模式（见表 7-2）利于补足传统勘察设计招标的问题，从招标条件、资格业绩要求、投标报价方式、评标方法、合同条款等方面分析相应一体化招标策略，与传统勘察及设计招标相比，两种模式在招标条件、评标方法两方面基本一致，主要不同体现在资格业绩要求、投标报价范围及方式、技术标准及要求、合同条款订制的侧重。

表 7-2　　　　　　　　　　可研设计一体化招标模式

招标策略内容	可研设计一体化招标	勘察设计招标
招标条件	1. 资金落实文件 2. 项目确定文件 3. 预可研阶段基础资料	1. 资金落实文件 2. 项目确定文件 3. 预可研阶段基础资料
资格业绩要求	1. 独立法人资格 2. 勘察资质、设计资质 3. 类似工程的可研与设计业绩	1. 独立法人资格 2. 勘察资质、设计资质 3. 类似工程的设计业绩

续表

招标策略内容	可研设计一体化招标	勘察设计招标
投标报价	建设采用设计费率报价，分可研、勘察设计两笔费用	一般采用设计费率或固定总价方式报价
评标办法	综合评估法	综合评估法
技术标准及要求	侧重对项目工程的理解、技术建议、技术方案的合理性和创新性	侧重技术方案的合理性和创新性
合同条款	注重可研及设计两阶段责任及义务的划分、变更及合同价格调整条款的设定	注重责任及义务、变更及索赔条款的设定

南方电网深圳供电局通过实施创新支持产业的优惠政策，加大项目技术服务采购力度。一是面向全资子公司实施科技项目采购优惠政策，除法定必须公开招标的项目外，需委托南方电网及所属全资专业子公司开展的科技项目，首推直签方式采购；二是落实公司科技成果转化奖励激励，推动科技成果转化业务的发展；三是加大科技成果新产品采购支持力度，首次进入公司系统试点应用的公司科技成果新产品，三年内采购不受市场业绩条件限制；四是免除科技成果新产品应用的安全责任，对于首次进入公司系统试点应用的公司科技成果新产品（由南方电网认定科技成果新产品且技术等级在 8 级及以上），除国家行业主管部门规定外，三年内发生的自身损坏及自身非计划停运可不按事故事件进行统计，且科技成果新产品载体本身价值损失不计入相关事故事件直接经济损失范围。

第四节 "四制四才"项目组织及赋权机制

自荐制，指南方电网员工基于部门、单位和岗位的技术需求、管理痛点，对技术发展的判断和对创新工作的热情等，通过毛遂自荐的方式，主动申请并承担南方电网创新项目，自荐制突破了南方电网项目申报和实施对项目负责人条件的限制，可使员工尽早独立承担或牵头实施公司创新项目，培养和托举优秀创新人才。

揭榜制，指针对目标明确的科技难题和关键核心技术攻关，设立项目或奖金向全社会公开张榜征集创新性科技成果的一种科研管理机制，也可称为"科技悬赏制"。揭榜制注重任务导向和结果导向，一般采用需求征集、公开发榜、竞争择优、成果兑现的组织方式。对于技术复杂的揭榜制项目，可引入赛马方式实施，选取 2～3 家队伍背靠背并行开展项目研发，年度考核中经考评竞争淘汰 1～2 支队伍，只选取最后一支队伍的成果。

挂帅制，指根据技术能力和业务能力，遴选南方电网内部创新能力强、掌握关键技术的帅才，通过签订责任状、赋予团队组建权、技术路线选择权、经费使用权和考核分配权、引入"知本券"等方式对挂帅人员授权赋能开展研发工作的创新项目组织形式。

赛马制，指在科研项目立项时，针对多家申报的项目，择优选择多个主体并行攻关，在项目开展过程中采取阶段性考核、竞争性淘汰机制，让真正干得好的主体脱颖而出，从而选出 2～3 家单位背靠背开展研究，按年度考评结果淘汰劣势单位。

积极创新科研组织模式，有效整合和利用各类科研资源，激发科研主体的创新活力。全面总结揭榜制、挂帅制、赛马制试点经验，制订工作指引，在全网范围推广应用。试点开展重大项目"总师制"，形成行政领导负责资源调配，技术专家负责科研把关的协同工作模式。优选产业创新类项目试点开展"众筹制"，建立新兴业务单位、科研单位、管制类单位"众筹共建、成果共享"的运作机制。推动"数字电网"开放基金有效运作，制定基金项目管理细则，校企联动开展前瞻方向研究、关键技术攻关、人才培育与学术交流。

借鉴国家部委和先进央企项目管理经验，公司研究完善符合科研活动规律的科技服务采购管理机制，支撑揭榜制、挂帅制、赛马制等新型科研组织模式高效实施；研究建立竞争性申报科技项目委托方式，支持系统内单位牵头，联合优势科研资源参与政府或南方电网科技管理部门组织的竞争性科技项目申报，成功后可根据联合申报协议直接签署项目委托合同；研究建立面向联合研究院的科技项目委托方式，为构建持续稳定的科研合作机制提供制度保障。

围绕生产经营紧迫技术难题及新型电力系统建设，南方电网大力推行揭榜制、挂帅制、赛马制，印发《南方电网公司"揭榜挂帅赛马制"科技项目管理工作指引（试行）》，按不少于 10%项目总数推动揭榜挂帅项目实施，分两批部署 6 项揭榜制项目、21 项挂帅制项目、4 项赛马制项目，完成两批挂帅项目授印。首次面向港澳地区发布揭榜制科技项目，探索粤港澳三地科技创新合作的长效机制。目前，南方电网已经和香港理工大学、澳门大学分别组建了绿色安全电网联合研究院和智慧能源电力联合实验室，联合开展重大科研项目的策划与申报、优质创新成果的培育与转化和高水平创新人才的培养与交流。

南方电网深圳供电局按照南方电网项目组织要求，在重点领域实行揭榜制、挂帅制、赛马制等机制。一是针对目标明确的科技难题和关键核心技术攻关项目，采用揭榜制。面向各部门（单位）公开征集创新性科技成果，充分发挥创新"集群动力"，以面向港澳地区揭榜制的 2 个项目为契机，形成固化的港澳地区揭榜机制。二是针对攻关难度大、面向行业科技前沿的项目，实施挂帅制。在公司内部遴选创新能力强的帅才，通过签订责任状、赋予团队组建权等方式开展研发工作。结合高层次技术专家的选聘，遴选帅才开展挂帅制项目。三是针对生产经营共性问题或共性需求，采用赛马制，在项目前期选取 2～3 家单位实施平行资助，通过规定时间内的二次竞争择优，最终明确技术方案或技术成果，推动公司各部门、单位积极踊跃参与创新，形成体系化机制。四是建立跨部门、跨单位、跨专业的协同创新机制。公司将优化人工智能、虚拟电厂、车网互动、零碳建筑等跨部门、跨单位、跨专业的柔性攻关团队经验，继续深化应用，协同推进联合创新。在项目顺利验收后，知本券可在奖励申报、绩效及奖金分配、成果转化回馈等方面兑现，促进成果收益与完成人投入量化挂钩，解决部门（单位）间科技成果确权难等问题。

公司通过在四类创新（科技创新、管理创新、服务创新、商业模式创新）领域实行自荐制、揭榜制、挂帅制、赛马制，着力解决四类创新领域生产经营实际问题、关键核心问题、重大问题，促进公司在选才、用才、育才、留才方面全生命周期管理机制的建立。

一是促进选才精准化，让优秀人才冒出来。具体包括：①促进建成多维度的人才画像，使选才标准更加完善，人才评价更全面。坚持以业绩和能力为导向，在传统的素质能力、工作经历等档案信息的基础上，将参与创新项目的经历纳入画像范围，为各领域人才选用提供实时动态的参考依据；②人才选聘方式更加灵活，促进形成柔性的团队组建模式，通过项目制、课题制等方式引进外部高端人才及内部优秀人才并成立项目小组，每小组 3～5 人，专职离岗创新与兼职创新相结合，为专职离岗设置专项岗位，明确专项岗位任期及履职要求，促使全身心投入创新工作，为兼职人员建立沟通协调机制，除完成本职工作外，更多应用业余时间参与创新工作，更大力度挖掘人才潜能，发挥人力资源效能；③人才招募更加有效，基于公司内部人才市场，以揭榜制项目为切入点，促进建成"招标竞岗"机制，将"千里马"选出来，促进人岗动态优质匹配，人尽其才。

二是促进人才发挥潜能，让人才跑起来。具体包括：①推动建立人才管理赛马机制，以赛促用。结合自荐制项目优秀负责人或团队评选、揭榜制项目三种不同支持方式（赛马式支持、里程碑式支持、事后支持）及挂帅制项目评审的开展，建立创新服务竞争淘汰模式，加强结果及过程评价，鼓励各级优秀人才同台竞技，"能者上、优者奖、庸者下、劣者汰"，让"千里马"冲出来；②促进任期制、契约化落地落实，逐步形成"能上能下、能进能出、能增能减"的市场化经营机制。在自荐制中推行自荐信、在揭榜制中应用军令状、在挂帅制中试行责任状，明确职责、期限、激励约束及免责容错事项，确保责权利对等，让"千里马"尽情奔跑，营造万类霜天竞自由的机制和环境。

三是在实践中历练人才，促进人才快速成长。具体包括：①在创新活动中培育人才，促进形成"人才＋项目"的创新人才培养模式，量身裁衣、私人定制，在项目推进的过程中，针对性地设置人才培养要求，并匹配相应的外部专家及平台等资源，理论与实践相结合，在推动创新工作的同时培养创新人才；②推动创新人才梯队建设，落实公司人才队伍"百千万"目标，围绕"三类人才三级梯队"，将"三制"项目中表现突出的干部员工分别纳入相应的人才库，建立学习地图、成长路径图，促进入库人员成长成才；③积极应用"创新周"活动平台，基于创新大赛、创新论坛等活动，促进发现人才、培养人才、选拔人才、使用人才、宣传人才，更大范围地激发人才活力。

四是留才举措更加丰富，让贡献者有所得。具体包括：①事业留才，进一步推动"1＋2"职业发展通道建设，将员工参与"三制"工作纳入个人履历，在专家评选、评先评优中予以加分和倾斜；②待遇留才，进一步完善差异化的薪酬分配机制，针对优秀的自荐制项目，进行一定额度的创新基金激励，针对成功的揭榜制、挂帅制项目，纳入董事长奖励金进行激励，对于孵化、转化成功的项目，探索项目分红、收益分红、岗位分红、递延奖励等中长期激励机制；③情感留才，丰富情深工程举措，试点开展"创新咖啡屋""创新面对面"等创新关爱活动，针对创新创效突出及超额付出的员工，树立创新先进典型，扩大创新示范效应。

第五节　强化项目实施质量管控

项目管控指在项目按事先制订的计划朝着最终目标挺进的过程中，由于前期工作的不确定性和实施过程中多种因素的干扰，项目的实施进展必然会偏离预期轨道。为此，项目管理者根据项目跟踪提供的信息，对比原计划（或既定目标），找出偏差，分析成因，研究纠偏对策，实施纠偏措施的全过程。所以项目管控过程是一种特定的、有选择的、能动的动态作用过程。在项目管控过程中，项目监察人员对出现问题、出现未确定性、存在风险或者不正常的项目管理活动和项目组织进行强制性约束和处置的行为，叫作项目的控制。

项目的管控阶段，首先，要做的工作是指导项目符合目标，就是根据计划对目标和方向进行设定，尽量使项目进展朝着项目计划所确定的目标和方向前进。其次，有效利用资源，进一步提高资源的使用效率。在计划阶段是预见问题、预测问题。在实施阶段是判断问题、纠正问题，对计划要做一些适当变更，使之更好地完成项目目标。在计划阶段，公司做出了一些关于团队建设，关于员工激励的方针和措施；在实施阶段，要贯彻和实施这些措施，对员工做出的贡献给予积极的奖励和鼓励。

项目管控的基础是项目计划，项目计划的基础是项目目标。因此，项目管控的第一步是要明确项目目标。项目目标应该包括软件系统的范围、质量、进度、成本、市场或政治目标。范围目标指功能范围；质量目标包括性能要求、技术指标、质量要求等；进度目标包括交付时间，与客户达成共识的其他时间要求，如验收时间、培训时间等；成本目标对企业内部来说就是项目的预算，对于客户来说就是能给出合理的价格；市场或政治目标就是诸如完成市场占有率、提高企业形象、打开知名度、击败某个竞争对手等。项目管理的第二步是根据目标分析自身的资源状况，资源包括人力资源（管理水平、技术水平、数量、行业知识与经验积累、技术知识与经验积累）、设备、资金、信息、与相关人员的关系或渠道。项目管理的第三步是根据项目目标和资源约束来制订项目计划，项目计划应包括项目目标、项目任务的分解、项目的组织机构和各角色责任、项目任务的责任分配、项目进度计划、成本计划、质量计划、沟通计划、风险防范计划、项目控制计划。项目管理的第四步就是实施项目计划，在项目计划实施过程中要持续跟踪监控项目进展情况，并与项目计划比较，发现偏差，分析原因，及时采取纠正、预防措施，随时解决项目中需要解决的问题，包括项目团队的沟通和冲突问题。项目内外各种因素具有不确定性，同时项目相关环境中存在一定的干扰，因此项目的实施难以完全按照项目计划进行，出现偏差是不可避免的。良好的项目管控可以保证项目按照计划稳定地完成项目目标，就是说可以及时发现偏差、有效缩小偏差、迅速纠正或预防偏差，使项目始终按照合理的计划推进。

南方电网推行科研项目绩效目标管理，加强绩效目标与考核指标在项目申报、立项评审、任务书下达、过程管理、项目验收等环节的刚性应用。试点"专业督导＋事后评价"的项目管理模式，设立重点领域项目专员，负责对项目进行全程独立监督和信息反馈；聘任权威技术专家担任项目督导专家，把关关键科学技术问题并提供专业化指导，全面提升南方电网科技项目管理质量和实施成效。创新项目验收管理方式，试点开展以赛代评、以用代评、以揭榜评价结果代替项目验收，提高科技项目验收评价的客观性与科学性。完善科研项目后评价机制，采用飞行检查、随机抽查等方式，及时发现科技项目执行中的问题。强化绩效评价结果应用，将绩效评价结果作为项目调整、创新管理评价、人才评价、后续支持的重要依据。

南方电网深圳供电局深入贯彻落实南方电网项目实施质量管控要求，拓展服务创新，推进管理提升，探索全面质量管理，导入质量管理理念，运用质量管理工具推进管理提升。具体包括三个方面：一是开展全面质量管理工具方法的培训，强化质量管理意识，推动管理人员掌握质量管理工具方法开展工作；二是推动全面质量管理，提升企业管理水平，重点应用标准化管理工具，建立新兴业务制度标准体系，提高管理的规范化，应用标杆管理工具，开展新兴业务同业对标，借鉴先进企业经验，不断提升企业竞争力。同时，深化资产全生命周期管理体系建设，提升新兴业务公司对规划设计、工程建设、运维检修、退役维修再利用、信息化支持等方面的支撑水平，提升工作效率与质量。

第六节　加强科技项目后评价工作

科技项目后评价工作政策性强、涉及面广、专业性突出、操作难度大，应该按照"先简后繁，先易后难，由点及面"的原则，以某类条件较为成熟的项目为试点开展，总结经验后再逐步完善与扩展，循序渐进地推进，建立起"项目—领域专题—专项计划—综合"四个层次的评价模式。除了要有相应评估方法理论研究基础和评估技术体系准备外，科技项目后评价的开展还需要有一定的政策环境等条件的支持和保障方能顺利开展。

一是以重大科技项目的"计划后评价"为切入点，由于不同性质的政府投入科技项目呈现出不同的特点，为此，科技项目后评价需要分类型进行。科技部颁布的《科学技术评价办法（试行）》的第 27 条规定："科学技术项目评价实行分类评价""根据各类科学技术项目的不同特点，选择确定合理的评价程序、评价标准和方法，注重评价实效"。通过实践，探索科技项目后评价工作开展的方式方法，积累经验，改进完善后，逐步推进广州科技项目后评价工作。

二是成立专职管理部门，制定相应的管理试行办法，开展后科技项目评估，除了需要建立后评价技术体系、明确后评价对象内容，还应成立或指定专职的科技计划项目后评价管理部门，明确相应的职能，制定相关的科技项目绩效管理办法和后评估规范。同时，在科技项目管理体系中增设项目后评价阶段，制定科技项目后评价或绩效管理实行办法，并将后评价结果与科技企业信用管理体系挂钩，对项目、机构、责任人等实现优胜劣汰，形成一个监督、竞争机制，以提高项目承担单位对后评价的重视、配合程度。

三是统筹考虑项目评估工作，促进信息平台建设，实现数据共享。评估是一个完整的系统，需要将项目评估的各个阶段性评估作为一个整体考虑，将项目绩效后评价与立项评估、中期评估、验收评估结合起来，进行系统的安排，使绩效后评价介入科技管理工作中，充分发挥项目后评价的效果，将科技项目后评价工作及早地纳入科技计划工作及项目执行中，列明评估的目的、范围、内容、方法、程序、指标体系和进度等。同时，应建立科技项目后评价的信息反馈机制，加快建设统一的科学研究数据采集网络与评估信息数据共享平台，使绩效评估所涉及的各方可以方便获取不同阶段的评估资料，避免重复劳动，同时也使信息搜集更加具有公信力，提高评估工作的规范性和科学性。

南方电网通过建立科技项目后评价体系，明确创新形成新增效益的评价标准，按不低于 10% 的比例对上一年度验收科技项目开展评估，对评价优秀的单位、团队和个人，在年度科技经费统筹、后续项目支持、奖励表彰上给予倾斜。评价不合格的，减少对该单位统筹科技经费支持力度，取消团队和个人两年内承担科技项目资格。

　　根据南方电网年度科技成果转化应用评估工作要求，提交科技成果转化申请。其中，国家级、省部级、南方电网重点科技项目成果转化评估结果经总部创新管理部审定后发布，其他科技成果转化评估结果由成果应用事业部组织院内专家审定后发布。成果应用事业部依据评估结果制定年度成果转化、孵化工作计划，经生产经营部审核，由生产经营部负责印发下达。转化评估在确定成果核心技术自主掌控的基础上，重点围绕成果的技术先进性、技术成熟度、技术经济性、转化可实施性、转化产品的市场前景等维度开展，评估结论分为建议孵化、建议直接转化、不具备转化条件三类。

第八章 创新成果建设机制

第一节 知识产权全周期管理机制

知识产权管理，是知识产权战略制定、制度设计、流程监控、运用实施、人员培训、创新整合等一系列管理行为的系统工程。知识产权管理不仅与知识产权创造、保护和运用一起构成了我国知识产权制度及其运作的主要内容，而且还贯穿于知识产权创造、保护和运用的各个环节之中。从国家宏观管理的角度看，知识产权的制度立法、司法保护、行政许可、行政执法、政策制定也都可纳入知识产权宏观管理的内容；从企业管理的角度看，企业知识产权的产生、实施和维权都离不开对知识产权的有效管理，知识产权管理实质上是知识产权人对知识产权实行财产所有权的管理。知识产权管理可以帮助企业规范和完善现代化管理制度，对知识资源的配置进行优化，还可以降低企业中潜在的侵犯他人知识产权的风险，同时也可防止他人侵犯企业的合法权益。企业知识产权的管理能帮助企业快速地发现市场上新兴、潜在的利润增长点，借助知识产权交易策略来实现企业对资本的扩张和市场的拓展，还有利于企业核心竞争力的全面提升，对企业的发展和创新能力有持续的提升作用。

南方电网高度重视知识产权管理，为规范南方电网知识产权管理，根据《中华人民共和国专利法》《中华人民共和国著作权法》《中华人民共和国商标法》及《中华人民共和国促进科技成果转化法》等有关法律法规，按照"保护知识产权就是保护创新"的原则，制定了《中国南方电网有限责任公司知识产权管理细则》，该细则规定了南方电网各部门及所属各单位在知识产权管理中的职责、管理内容与方法，适用于南方电网及所属各单位以专利为主的知识产权创造、运用、保护、管理和权属等工作。

知识产权是南方电网重要的无形资产。南方电网及所属各单位在科研、设计、生产、建设、技改、经营等过程中按照知识产权高质量发展的原则，加强知识产权创造工作。南方电网及所属各单位应当在投资金额 1000 万元及以上的创新项目申报、技术开发、产品设计等知识产权创造活动前，开展知识产权检索、分析工作。南方电网及所属各单位在技术成果申请专利前，或以商业（技术）秘密保护的成果，不得以论文、报告、会议、鉴定、展览、销售、使用、网络传播等任何形式向社会公开。知识产权申请、登记类型应当考虑技术成果的创造性、经济性及竞争性，灵活选择专利、商业秘密、软件著作权等方式加以申请保护。国家级、省（区）级及南方电网项目中包含原创性基础研究、首台套装备研制、新产品开发、新型电力系统建设等内容的项目，应当开展高价值专利布局与培育。高价值专利培育项目前期策划阶段须提交专利导航分析报告，内容包括现有技术检索、风险预警及规避措施、布局策略等。高价值专利申请或登记前，应当开展新颖性和创造性评价，并对专利申请文本开展第三方质量检查，提高专利质量。项目承担单位应当在项目经费预算中纳入高价值专利培育所需费用。同时，结合南方电网国际业务拓展方向及南方电网优势技术领域，进行美国、日本、欧盟等相关国家专利检索分析，加强海外知识产权布局。

南方电网及所属各单位将知识产权创造、运用、保护和管理工作作为经营管理、创新工作考核和评价的主要依据之一。按照国家有关规定，对于在知识产权创造、运用、保护和管理中的完成者及贡献人员给予表彰、奖励等报酬，并作为考核其能力、业绩的重要指标之一。南方电网及所属各单位按照相关要负责列支知识产权工作所需费用，包括知识产权申请、维护、分析、咨询、评估、培训、诉讼、奖励及信息化等，指定专职或兼职人员开展知识产权工作，明确知识产权工作人员任职条件，并采取教育、培训、考核等方式，确保知识产权工作人员满足任职条件。南方电网各级创新管理部门负责建立并动态更新知识产权台账，组织按时缴纳知识产权申请费、代理费、维护费等，以保证知识产权的有效性，实施专利分类分级管理，制定运营维护策略，对于被淘汰或丧失经济价值的专利，专利所属单位可以停止缴纳维护费用或主动放弃，并向上级创新管理部门备案；建立知识产权管理档案，规范管理知识产权内部文件及外来文件，做好标识、保存、查阅和处置工作。所属各单位应对本单位年度知识产权创造、运用、保护、管理等相关工作情况进行总结，并于每年 12 月 15 日前将年度知识产权工作报告，报至南方电网创新管理部门。

南方电网实施知识产权的创造、运用、保护、管理协同布局，建立重大科技项目全过程专利管控机制。知识产权与科技项目管理既相互独立又存在联系，首先，知识产权分析是一种情报分析方法，具有独立性。从申请专利数量上，可以衡量某一技术领域技术活动的水平，发现活跃的技术领域，识别重点专利技术。从技术分析上，可以分析技术发展态势、掌握技术发展全貌，预测未来技术的发展方向，根据专利布局，确定技术发展重点，制定技术发展策略。从专利权属分析上，可以明确其权利状态，判断是否侵权，对已有专利权进行预警分析，并对新的产品技术方法是否落入专利权的保护范围进行分析。从竞争环境分析上，可以识别直接的和潜在的竞争对手，分析竞争对手的专利实力、竞争市场状况，为制定竞争策略提供信息。从专利价值分析上，可以从法律价值、技术价值、经济价值三个方面评估新技术产品的价值。

知识产权分析与科研项目管理存在关联性，可以作为项目管理的考核指标、评价方式、对成果产出的评价，是科研项目管理的一种方法。在科研项目管理中，通过专利检索及分析，可以根据专利布局和专利技术发展态势，找出本领域的重点专利技术，对待研发项目的技术路线和方案进行评审，作为项目立项的考察指标，判断待研发项目的可专利性，避免专利侵权和重复开发，对科研项目的成果进行可专利性评价，结合整体战略目标，规划并实施知识产权申请以保护自主创新成果。图8-1为重大科技项目全过程专利管控机制框架图。将知识产权分析运用于科研项目的管理中，不仅在科研项目立项环节，甚至对整个科研项目管理流程都起到了良好的支撑作用。可以为科研项目选题、立项前

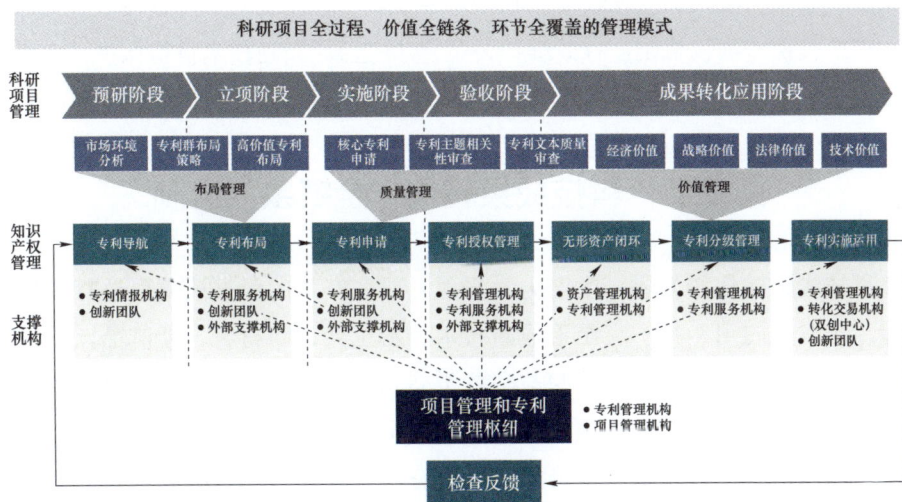

图8-1 重大科技项目全过程专利管控机制框架图

提供指导方向，还可以为立项评审与论证提供坚实理论依据，这对科研项目管理流程的优化与完善、提高科研管理水平具有重要意义，并为科技创新的发展发挥了一定的支撑作用。

南方电网深圳供电局按照南方电网的文件精神，在重大科研项目全过程中加强知识产权管理。科研项目预研、立项阶段，进行专利布局管理，与专利导航、专利布局紧密结合，进行市场环境分析、专利群布局策略研究、高价值专利布局研究；科研项目实施阶段，进行专利质量管理，进行专利申请等相关活动；科研项目验收阶段，进行专利授权管理，进行专利主题相关性审查、专利文本质量审查；科研成功转换应用阶段，与专利价值管理相结合，进行无形资产闭环、专利分级管理、专利实施运用，挖掘专利的经济价值、战略价值、法律价值及技术价值。

南方电网深圳供电局用实际行动，构建现代化知识产权管理体系。包括：完善重大项目知识产权全流程管理，强化知识产权创造、运用、保护、管理权责；建立专利导航工作机制，培育一批创新程度高、市场竞争力强的原创型、基础型高价值专利；积极参与标准制定，将公司先进专利技术纳入企业、团体、行业、国家标准或国际标准，形成标准必要专利；深化内部技术市场和优化知识产权有偿使用机制，鼓励通过挂牌、供需双方协商等市场化方式确定交易价格；探索改革国有知识产权收益分配权，完善知识产权转移、转化机制；加强与上下游企业的知识产权合作，提升运用效益；强化知识产权风险防范，加大知识产权保护力度，加强在线监测和市场巡视，及时发现知识产权侵权行为；完善知识产权快速维权机制，有效维护公司合法权益。加强技术秘密保护，实施技术秘密与专利的组合保护策略，加强对涉密人员、载体、场所等全方位管理。

第二节　科技成果转化"全链条"机制

科技成果转化指为提高生产力水平而对研究产生的科技成果所进行的后续试验、开发、应用、推广直至形成新技术、新工艺、新材料、新产品，发展新产业等活动。科技成果转化按参与主体类型划分，可分为系统内转化与系统外转化两类，系统内转化指科技成果向系统内全资公司的转化，即成果受让方的股权全部由南方电网及所属全资公司所持有；系统外转化指科技成果向非南方电网系统全资公司的转化，即成果受让方的股权非全部由南方电网及所属全资公司所持有。

为落实国家创新驱动发展战略，促进与规范南方电网科技成果转化，提升科技创新效率和效益，依据《中华人民共和国促进科技成果转化法》等法律法规和南方电网相关规定，南方电网制定了《中国南方电网有限责任公司科技成果转化管理办法》。管理办法主要遵循以下三大管理原则：一是南方电网应建立科技成果转化工作的组织管理、运作实施、绩效评价、奖励激励等管理体系，各部门、各单位按管理要求协同推进，积极稳妥、规范地开展科技成果转化工作；二是南方电网科技成果转化实行网省两级统筹集中管理，总部依托南方电网科技成果转化服务机构对国家级、省部级、南方电网重点科技项目成果转化实行集中管理，分子公司对权属其他科技项目成果转化工作实行集中管理，网省两级成果转化通过南方电网"双创"线上平台实现转化资源信息与转化服务的共享；三是南方电网科技成果转化应鼓励创新，宽容失败。对于成果转化过程出现的工作过失，各部门、各单位在责任调查过程中应坚持依法依规、实事求是、区别对待的原则，切实把干部职工在成果转化工作中因缺乏经验、先行先试出现的失误同谋取私利、有规不遵、明知故犯的违法违规行为区分开来，全面落实国务院有关科技成果转化尽职免责的要求。

科技成果转化工作主要包括转化评估、信息发布、转化撮合、转化公示、转化决策、转化实施六个环节，具体实施如下。

1. 转化评估

南方电网科技成果转化评估由南方电网创新管理部统筹组织。总部负责组织国家级、省部级、南方电网重点科技项目成果的转化评估工作，分子公司负责其他科技成果的转化评估工作。转化评估应在确定成果核心技术自主掌控的基础上，重点围绕成果的技术先进性、技术成熟度、技术经济性、转化可实施性、转化产品的市场前景等维度开展。

评估工作应对科技成果是否可转化与转化方式给出评估意见，评估意见可分为建议孵化、建议直接转化、不具备转化条件三类。对于建议孵化的成果，应通过公司"双创"线上平台或线下对接申请入驻南方电网系统相关孵化器公司或孵化工作室、众创空间进行孵化。孵化期的管理按孵化器公司或相关单位孵化工作室、众创空间的内控机制进行，出孵后按本办法进行转化实施。对于建议直接转化的成果，按本办法开展转化工作。

国家级、省部级、南方电网重点科技项目成果转化评估结果经总部创新管理部审定后发布，其他科技成果转化评估结果由权属分子公司创新管理部门审定后发布。评估结果作为各单位年度转化工作基础。两级创新管理部门应依据评估结果制订年度成果转化、孵化工作计划。

2. 信息发布

可直接转化的科技成果，除涉密与自行投资实施的外，由各级成果转化服务机构对待发布信息进行审查，通过后在"双创"线上平台进行发布。其中，各单位推荐的科技成果、拟授权南方电网成果转化服务机构进行转化撮合的科技成果及需系统外转化的科技成果，应在成果转化信息申报时明确标注。

系统外单位的科技成果意向在系统内寻求受让单位进行转化的，可在"双创"线上平台完成单位注册后，提交成果信息发布申请。信息发布申请由南方电网成果转化服务机构进行形式审查，通过后在"双创"线上平台进行发布。

3. 转化撮合

成果转化撮合可采用直接对接与组织对接的方式，各单位可通过"双创"线上平台，遴选意向成果，直接进行转化对接。也可由成果转化服务机构组织成果产出单位与产业单位进行转化对接，寻求转化受让方。各单位推荐成果与授权南方电网成果转化服务机构进行转化撮合的科技成果，由南方电网成果转化服务机构组织进行成果转化对接，寻求转化受让方。

系统内转化以直接洽谈为主要撮合方式，撮合工作应以促成成果转化，实现合作共赢为目标。协议定价不设最低限制价，重点通过成果转移后的转化实施收益来确保成果产出单位与完成人的权益，规避因协议定价争议导致无法实现成果转化。形成无形资产的科技成果，法人主体之间进行涉及所有权改变的系统内转让时，转让价格原则上不低于账面价值，非法人主体（分公司）之间可无偿调拨使用。需成果完成人离岗实施的，由成果完成人提出申请，应在转化意向书与转化申请中明确，人力资源或组织人力资源部门根据管理权限办理相关审批手续；需投资建设转化实施条件的，应在转化意向书与转化申请中明确，由成果受让方按南方电网投资管理相关规定向主管部门申报，相关部门依据转化决策审批意见与转化合同进行审批。

系统外转化应以在技术交易市场挂牌交易为主要撮合方式。对形成无形资产或涉及所有权改变的科技成果转化，挂牌交易前应委托南方电网、分子公司选聘的国有资产评估机构开展成果价值评估。核定后的评估结果作为挂牌起始价，具体交易价格通过公开竞价形成，原则上不得低于评估价格。对未形成无形资产且不涉及所有权改变的科技成果系统外转化，可不进行成果价值评估，先通过直接洽谈确定挂牌起始价，再由挂牌公开竞价确定技术交易价格，以提高成果转化工作效率。涉及所有权改变或排他性许可的，应履行审查手续，由南方电网创新管理部或授权南方电网成果转化服务机构进行审查，并出具审查意见，确认系统内无转化条件，方能实施系统外转化。

4. 转化公示

意向书签订后，由成果转化服务机构组织在成果权属分子公司与系统内受让单位内进行公示。转化公示应包括成果产出单位、完成人、受让单位、转化方式、技术交易价格、实施周期等关键内容，公示时间应不少于 15 天。

任何单位或个人对公示内容持有异议的，应在公示期内向成果转化服务机构提出异议，逾期不予受理。提出异议的单位或个人应当提供书面异议材料与必要的证明文件。个人提出异议的，应当在书面异议材料上签署真实姓名；以单位名义提出异议的，应当加盖本单位公章；以匿名方式提出的异议不予受理。

成果转化服务机构在接到异议材料后应当进行审查，对符合规定并能提供充分证据的异议，报本级创新管理部门审核，审核同意后予以受理，受理后应向成果产出单位与受让方发送异议通知。

成果产出单位接到异议通知后，应当在 15 个工作日内核实异议材料，并将核实情况报成果转化服务机构审核。如在异议通知规定的时间内，成果产出单位未提出调查、核实报告和协调处理意见的，应暂停科技成果转化工作，待异议处理完毕后视情况确定是否继续实施。

异议处理过程中，涉及异议的任何一方应当积极配合，不得推诿和延误。在规定时间内未按要求提供相关证明材料的，视为承认异议内容；提出异议的单位、个人在规定时间内未按要求提供相关证明材料的，视为放弃异议。

为维护异议者的合法权益，创新管理部门、成果转化服务机构、成果产出单位及其他参与异议调查、处理的有关人员应当对异议者的身份予以保密；确实需要公开的，应当事前征求异议者的意见。

5. 转化决策

转化公示后，应履行相关决策程序后方可签订转化合同，推进转化实施。转让、作价投资等涉及所有权改变的科技成果转化，采用直接洽谈进行协议转让时，交易价格在 500 万元及以上的（含 500 万元）由南方电网总部决策审批；其他情况按技术交易价格进行分级决策与审批，其中交易价格在 2000 万元及以上的（含 2000 万元），由南方电网总部决策审批；交易价格在 2000 万元以下的，由成果权属单位决策审批，并报南方电网总部备案，具体决策审批程序参照《中国南方电网有限责任公司资产价值管理办法》实施。

许可、自行实施等不涉及所有权改变的科技成果转化，由成果转化服务机构依据转化意向书向本级创新管理部门提出转化申请，创新管理部门会同财务管理部门对转化申请进行审核，同意后报分管领导审批。或以授权方式交由成果转化服务机构进行审批，具体方式由各单位自定。各单位在制定决策审批流程时，应针对成果转化市场化程度高的特点，构建规范、快速的审批工作机制。对于研发支出已计入当期损益，且未形成无形资产的科技成果，宜通过赋能授权方式将科技成果转化决策权赋予成果转化服务机构。

6. 转化实施

成果转化决策同意后，由转化服务机构组织成果产出单位、成果受让方签订转化合同，合同签订后应向本级创新管理部门报备。合同签订后，由成果产出单位与成果受让方依据合同约定推进转化实施工作，成果转化服务机构负责转化实施的过程跟踪与协调，以及关键统计信息的收集与上报。

成果转化应建立配套的财务管理机制，对成果研发经费、转化专项费用等进行单独核算，确保转化实施成本、收益可量化可核算。职工离岗进入南方电网全资、控股、参股孵化企业或系统内受让方实施成果转化，保留其与原单位的劳动关系，在符合国家政策及南方电网制度前提下，工资、福利待遇由孵化企业或受让方发放，五险一金等由劳动关系所在单位代缴，离岗创业期满后（1～3年），依据本人意愿，可解除与原单位劳动合同或返回原单位工作。

南方电网深圳供电局按照公司科技成果转化方案，强化成果转化应用，大力创造效益和价值，不断提高科技成果转化收入，加强智慧能源网关、智能配电房锁具、变电站驱鸟装置、小智系列产品、配网电缆隧道智能巡检机器人等转化成果的推广销售，发挥深港科技网级转化平台作用，按照"确保完成、留有裕度"的原则，2022年，科技成果转化收入增长率不低于60%。同时，努力拓宽公司转化成果的销售渠道，鼓励各部门（单位）通过非科技项目经费采购转化科技成果，提升成果销售额。

（1）推进知识产权工作高质量发展。①建立健全知识产权管理体系，深入贯彻落实公司工作部署，推进公司知识产权工作高质量发展，推进高价值专利培养、知识产权法律风险防控、知识产权体系化运营等工作，高质量完成公司知识产权体系贯标复审，确保公司知识产权管理体系认证有效；②培育高价值专利，聚焦关键领域，依托重点科技项目，在项目立项、研发过程、试验验证、推广应用等技术全生命周期，挖掘和培育一批创新程度高、市场竞争力强的原创型、基础型高价值专利，有效提升专利整体质量。在科技经费中设立知识产权专项资金预算，支持高价值专利培养、专利导航、专利数据库建设、专利风险评估等工作；③探索开展知识产权运营，依托南方电网科技开发有限公司，加强专利分析与产业运行决策深度融合，研究建立内部技术市场和知识产权有偿使用机制，通过质押融资、作价入股、证券化、构建专利池等多种方式，加大知识产权实施力度，拓宽知识产权价值实现渠道。参与深圳知识产权和科技成果产权交易中心建设，在"双创"基地探索初创企业知识产权融资。

（2）畅通科技成果转化渠道。①依托南方电网科技开发有限公司大力发展"开放空间＋开放技术平台＋产业资源＋天使风投"的多层次孵化业务，促进科技成果转化、对优质初创企业进行投融资、对内外部创业团队提供孵化服务，推动能源产业价值链整合，打造科技成果商品化平台；②开展面向产业发展的定制化科研，推动公司创新驱动规划、科技规划实施计划与新兴业务规划横向协同，推进定制化、揭榜制的科技项目开发，针对新兴业务发展需求开展针对性研发，助力新兴业务公司掌握核心技术，加速拓展外部市场。定期开展公司科技成果转化评估，面向南方电网科技开发有限公司、深圳电网能源科技有限公司，实施科技成果许可，支持孵化器公司获得公司成果的使用权，拓展科技成果转化业务；③建设深圳市级及以上高等级孵化空间，对标深圳市级及以上孵化空间的认定标准，提升管理服务团队的服务能力，优化孵化空间建设和利用，吸引内外部企业入孵，开展"创意—研发—样品—产品—产业"全周期孵化转化业务，提供"开放空间＋开放技术平台＋产业资源＋天使投资"多层次创新创业服务。

（3）推广应用创新成果。①参与高等级标准制定，健全科技与标准化互动支撑机制，积极参与国际标准、国家标准、行业标准制定，制定以科技提升技术标准水平、以技术标准促进技术成果转化应用，加速创新成果市场化、产业化的措施；②实施创新支持产业的优惠政策：一是面向全资子公司实施科技项目采购优惠政策，除法定必须公开招标的项目外，需委托南方电网及南方电网所属全资专业子公司开展的科技项目，首推直签方式采购；二是落实公司科技成果转化奖励激励，推动科技成果转化业务的发展；三是加大科技成果新产品采购支持力度，首次进入南方电网系统试点应用的公司科技成果新产品，三年内采购不受市场业绩条件限制；四是免除科技成果新产品应用的安全责任，对于首次进入南方电网系统试点应用的公司科技成果新产品（由南方电网认定科技成果新产品且技术等级在 8 级及以上），除国家行业主管部门规定外，三年内发生的自身损坏及自身非计划停运可不按事故事件进行统计，且科技成果新产品载体本身价值损失不计入相关事故事件直接经济损失范围；③拓展应用特色优势创新成果，推进智慧能源网关的应用，支撑低压台区数字化管理，带动新兴业务公司高端制造业务发展。深化电能质量相关技术的研究应用，面向新兴业务公司提供电能质量检测和技术咨询服务，助力产业能源服务业务发展。深化储能相关技术的研究应用，逐步提升推广储能及辅助服务能力，加速拓展外部市场。

第三节　创 新 奖 励 机 制

随着世界科技水平不断提高和我国经济的不断发展，我国对于科学技术的发展要求越来越高，并且通过加大科研投入、加强高校人才培养、奖励先进科研工作者等方式推动我国的科学技术发展。国家级科技奖励由南方电网创新管理部门统筹南方电网系统资源负责申报。南方电网所属各单位、总部各部门参与南方电网系统外单位牵头申报国家级科技奖励的，须事先报请南方电网创新管理部门同意。广东省科学技术奖以外的省（区）级科技奖励由分子公司创新管理部门负责组织申报和提名。分子公司创新管理部门应当在正式提名前 10 天报南方电网创新管理部门进行系统内公示。行业级科技奖励由南方电网创新管理部门负责组织申报。

1. 奖励管理办法

为深入贯彻南方电网一体化管理要求，加强对科技奖励工作的管理和指导，充分发挥科技奖励的激励作用，促进南方电网科技进步，根据《中华人民共和国科学技术进步法》和有关规定，结合南方电网实际情况，南方电网制定了《中国南方电网有限责任公司科技创新奖励管理细则》。该办法规定了各相关单位（部门）在创新奖励管理中的职责、管理内容与要求，适用于南方电网及所属各单位科技创新奖励的推荐、评审、授奖等活动。

根据该办法规定，科技创新奖励指在南方电网科技活动中做出突出贡献的单位和个人进行奖励，包括科技进步奖、管理创新奖、价值创造奖和职工创新奖设一等奖、二等奖、三等奖，对南方电网科学技术进步、管理创新具有特别重大意义和突出贡献的成果，可以授予南方电网科学技术进步奖特等奖、管理创新奖特等奖。其中，科技进步奖以鼓励技术创新为原则，注重创新性和效益性。获奖成果应技术创新性突出、技术经济指标先进，经应用推广，创造显著经济效益、社会效益，在推动南方电网科学技术进步方面有重大贡献。管理创新奖以鼓励管理创新为原则，推荐成果须在管理上具有创新性并通过实施取得了较好的经济和社会效益，推动南方电网改革发展进步。价值创造奖重点奖励推动与促进科技成果转化，推广应用新技术、新工艺、新材料、新产品、专利，发展科技新产业新业态，重点针对南方电网非股东业务，取得明显经济效益。

科技奖励活动由南方电网及各分子公司科技创新领导小组南方电网生产技术部、人力资源部、财务部、分子公司科技管理部门、基层单位科技管理部门、分子公司及基层单位人力资源部门及财务部门负责。其中，科技进步奖、管理创新奖和价值创造奖评审由南方电网创新管理部门组织，包括形式审查、受理公示、专业组评审、专家评委会评审、评审结果公示、南方电网创新管理部门审核、南方电网创新领导小组审定及授奖等环节。职工技术创新奖评审由南方电网工会办公室组织，包括形式审查、受理公示、专业组评审、专家评委会评审、评审结果公示、南方电网工会办公室审核、南方电网创新领导小组审定及授奖等环节。各分子公司应结合实际开展本单位大众创新奖励组织和管理工作，以简化评审程序、及时快速兑现奖励激励为原则，进一步明确评审程序及有关要求。南方电网所属各单位可申报科技进步奖、管理创新奖和价值创造奖，各分子公司和南方电网各部门向创新管理部门择优推荐；南方电网所属各单位可申报职工技术创新奖，各分子公司向南方电网工会办公室择优推荐；同一成果只能推荐一种创新奖励。成果完成单位和完成人依据实际贡献排序。原则上，同一完成人同一年度只能作为一项创新奖励（不含大众创新奖）成果的前三完成人，同一完成人同一年度不能作为三项以上（不含三项）创新奖励（不含大众创新奖）成果完成人。对于完成人参与申报奖励成果超出原则规定的，需提供个人贡献书面证明材料并履行相应审批手续。

2. 科技奖励推荐条件

（1）推荐科技进步奖成果需同时满足下列条件。

1）具有技术创新性：在技术上具有自主创新，或采用先进适用技术和高新技术对传统技术、工艺、生产过程进行改造和更新换代，通过技术创新，提升了技术装备水平，或通过理论创新，提出了该领域的新方法、新技术，或解决了电网规划、设计、建设、运行和南方电网经营管理中的共性技术问题，科技含量较高、技术难度较大，解决了南方电网发展中的热点、难点和关键技术问题，总体技术水平和主要技术经济指标达到同类技术或者产品的先进水平。

2）经过应用取得了一定的经济效益或社会效益：成果整体应用满一年，产生了一定的经济效益或社会效益，实现了科技创新的市场价值或者社会价值，为南方电网发展做出了较大贡献。取得的直接经济效益，需说明其计算、测定的办法和依据，对社会效益的评价应有准确、客观的说明，并提供效益分析报告。

3）推动了公司科技进步：成果的转化程度较高，具有较强的示范和带动作用，可推广性强，提高了公司的技术水平、经营管理水平、竞争能力和创新能力，促进了公司产业结构的调整、优化、升级及产品的更新换代，对南方电网发展具有一定的推动作用。

4）取得推荐等级相应的标志性成果。

（2）推荐管理创新奖成果需满足以下条件。

1）所推荐管理创新奖成果应聚焦南方电网改革方向与管理短板，推动新技术、新成果、新理念、新方法在各业务领域的推广应用。具体创新方面在每年的成果申报通知中予以明确。

2）创新成果应经过推荐单位（部门）组织的鉴定、验收等相应评价，推荐单位（部门）对申报成果预先进行严格评审、择优推荐，并给出成果的推荐次序。

3）申报的管理创新奖成果需经过一年及以上的实践应用，且具有一定的推广应用价值，科学技术类、信息化类成果不纳入申报范围。

（3）推荐价值创造奖成果需满足以下条件。

1）成果应用满一年，获得应用单位书面认可。

2）相关合同，包括但不限于产品销售合同、技术服务合同、成果转化合同（含专利许可、转让、合作实施合同、电子订单等）履行完毕，为公司创造了明显的经济效益，产生了真实利润。

（4）推荐职工技术创新奖的成果需满足以下条件：

1）解决了安全生产、经营管理中的实际问题。

2）成果整体应用满一年，对提高安全水平、经济效益和社会效益、工作效率等发挥了实际作用。

3. 奖励管理内容与方法

南方电网及各分子公司设科技进步奖、技改贡献奖和专利奖三类奖项，每类奖项分设一、二、三等奖；取得特别重大成果的，可增设科技进步奖特等奖；有条件的基层单位可参照设立科技进步奖等奖项。各级科技进步奖以鼓励技术创新为原则，推荐成果须在技术上具有创新性并通过实施取得了较好的经济效益和社会效益，推动了南方电网科技进步；南方电网各级技术改进贡献奖以鼓励经济效益为原则，推荐成果须经项目实施取得了明显经济效益或社会效益；公司各级专利奖以鼓励发明创造为原则，推荐成果须是具有较高技术水平的发明专利或具有显著效益的实用新型专利和软件著作权。南方电网各级科技奖励每年评审一次，南方电网科技奖获奖单项的授奖单位数和授奖人数实行限额，见表 8-1。分子公司及基层单位参照执行。

表 8-1　　　　南方电网分子公司科技奖获奖单项限额标准

各类奖项 数量限额	特等奖		一等奖		二等奖		三等奖	
	单位数	人数	单位数	人数	单位数	人数	单位数	人数
科技进步奖	15	20	10	15	7	10	5	7
管理创新奖	1~2	15	1~2	15	1~2	15	1~2	15
价值创造奖	—	不限额						
职工技术创新奖	—	—	2	7	2	7	2	7

图 8-2 为科技奖励管理流程图。

序号	业务领域	一级业务	二级业务	业务事项	流程节点	工作步骤	起草 主管	起草 经理/高级经理	起草 副总经理/总经理	审查 主管	审查 经理/高级经理	审查 副总经理/总经理	审核 总法律顾问/总工程师/副总经济师等	审核 议事机构	审核 分管领导	审核 主要领导	审批 职工代表大会	审批 纪检监察组会	审批 党组会	审批 总经理办公会	审批 董事会	签发/签署
1	创新管理	创新项目管理	科技创新成果管理	公司科技奖、管理创新、价值创造评审流程	10	下发申报通知	公司创新管理部门△		公司创新管理部门〇						●							单位领导■
					20	总部部门编制成果申报材料（流转至流程节点40）	总部相关部门△		总部相关部门〇													
						分子公司申报部门编制成果申报材料（流转至流程节点30）	分子公司申报部门△		分子公司申报部门〇													
						基层单位申报部门编制成果申报材料（流转至流程节点30）	基层单位申报部门△		基层单位申报部门〇													
					30	分子公司创新管理部门汇总并审查择优推荐	分子公司创新管理部门△		分子公司创新管理部门〇													
					40	形式审查	公司创新管理部门△	公司创新管理部门〇														
					50	受理公示	公司创新管理部门△		公司创新管理部门〇													
					60	专业组评审	公司创新管理部门◇		公司创新管理部门〇													
					70	专家委员会评审	公司创新管理部门△		公司创新管理部门〇													
					80	评审结果公示	公司创新管理部门△		公司创新管理部门〇													
					90	创新管理部审核	公司创新管理部门△		公司创新管理部门〇													
					100	创新研究提出奖励建议方案	公司创新管理部门△		公司创新管理部门〇													
					110	创新领导小组审定	公司创新管理部门△		公司创新管理部门〇					●								
					120	授权发文	公司创新管理部门△		公司创新管理部门〇						●							单位领导■

图8-2　科技奖励管理流程图

注：
1. 图示说明：△起草、〇审查、●审批、■发文、〇执行、◆故其他流程。
2. 注明部门的图标，如"〇"，表示由该业务流程相关的部门负责审查。
3. 〇审查：行权方对权责事项进行检查的行权方式，通常可替代"审阅、阅示"等，通常〇审查代；■发文：行权方代表公司签署公文、制度、合同等重要文件的行权方式，通常可替代"批准、审定、批示、阅批"等。●审批：行权方对权责事项作出最终决策的行权方式。对权责事项作出最终决策的行权方式。行权方对权责事项是否应当提交最终决策决议人（或机构）进行研判的行权方式，行权方对权责事项是否应当提交最终交易决策公文、制度、合同等审核签订"签订、签订"等。

推荐。推荐科技奖励由成果第一完成单位按隶属关系逐级推荐。推荐奖励科技成果须满足相应条件，同一科技成果一般只能推荐一次科技奖励，但经评定未授奖后确有实质性进展的，可以重新推荐，推荐科技奖励须征得主要完成单位和主要完成人的同意。推荐南方电网科技奖励须填写相应奖项统一格式的推荐书，提供必要的证明、评价材料等附件。推荐书及有关材料应当齐全、完整、真实。推荐分子公司科技奖励推荐书格式参照南方电网推荐书格式编制。推荐单位应对推荐材料进行预审，审查推荐条件、推荐程序、推荐资料、主要完成单位和主要完成人员等是否符合要求，提出推荐意见和推荐奖励等级。

专家评审。南方电网各级科技奖励专家评审程序分为形式审查、专业组评审、评委会评审三个步骤。形式审查是设奖单位生产技术部组织对成果推荐条件、推荐程序、推荐资料、主要完成单位和主要完成人员等是否符合要求进行审查。形式审查不符合要求的，退回推荐单位进行更正，推荐单位应在 7 个工作日内更正至符合要求。专业组评审是设奖单位生产技术部组织成立评审组对推荐成果进行评审。评委会评审是设奖单位生产技术部组织成立年度科技奖励评审专家委员会（简称评委会），通过答辩程序，由评委会委员对专业组评审结果推荐的科技进步奖、技改贡献奖和专利奖一等奖成果逐项独立投票表决，获得三分之二及以上同意的成果进入专家评审一等奖名单。

公示及异议处理。南方电网创新管理部门采取发公示通知或会议公布、张贴公告等方式对国家级科技奖励、省（区）级科技奖励、行业级科技奖励、南方电网创新奖励申报成果信息和拟授奖情况进行公示。任何单位或个人对申报成果及其完成单位、完成人持有异议的，可向南方电网创新管理部门署名书面提出异议（南方电网创新奖励在公布之日起 10 日内），并提供必要的证明文件；逾期、无正当理由或匿名异议的，不予受理。异议由南方电网创新管理部门负责处理。必要时，南方电网创新管理部门可以组织专家进行核实，形成处理意见，并将决定意见通知涉及异议的各方。自愿申请撤销南方电网科技进步奖、管理创新奖、价值创造奖和职工技术创新奖拟授奖成果的，原则上需要在评审公示阶段由推荐单位向南方电网创新管理部门（南方电网科技进步奖、管理创新奖和价值创造奖）或工会办公室（职工技术创新奖）提出书面申请，经南方电网分管创新领导审批同意后，可撤销成果推荐。自愿申请撤销拟授奖的成果须隔年才能申报。

审定及授奖。南方电网创新奖评审专家从南方电网系统内和外部专家库中选取，充分运用公司专家委员会资源。南方电网科技进步奖、管理创新奖、价值创造奖和职工技术创新奖专家委员会评审采取会议形式，通过投票表决方式产生评审结果。创新领导小组以会议或函审等形式对南方电网科技进步奖、管理创新奖、价值创造奖和职工技术创新奖的奖励建议方案进行审定。创新领导小组成员可综合各方面实际情况对奖励建议方案提出调整，调整建议由创新领导小组成员三分之二及以上通过后才有效。

南方电网以激励自主创新为导向，形成结构合理、标准规范、权威公信的科技奖励管理制度，建立定标、定额的评审标准，分类制定以科技创新质量、价值贡献为导向的评价指标体系。优化科技奖励评审专家遴选，探索"技术专家＋市场专家"的奖励评审机制。根据南方电网科研投入产出、科技发展水平等实际状况，进一步优化奖励结构，减少奖项数量，提升奖励质量，鼓励高级别奖励申报，确保政府、南方电网科技奖励政策落实到位。

南方电网深圳供电局加强科技奖励策划布局，加强政府、行业及南方电网创新奖励的统筹策划，通过梳理南方电网历年获奖成果，围绕优势技术领域，加强创新成果总结凝练，编制申报南方电网、政府及行业奖励的策划清单，做好高等级创新奖励策划布局；提高创新成果的奖励金额和授奖数量，在公司创新领导小组的指导和支持下，公司已修编了奖励制度，提高获得公司创新奖励的奖励金额，同时还将在制度要求下增加授奖数量，以加强激励力度。

通过积极落实科技"放、管、服"和重大科技奖励激励，激发广大科研人员的积极性。一是完善科技项目配套管理制度，进一步简化深圳局决策科技项目管理流程，提升科技项目实施效率。二是编制科技创新中心业务细则，在当前科技项目文件系统录入、经费报销、管理制度咨询等业务职责基础上，增加科技项目内部查新、采购、合同签订、会务支持、双创线上线下平台的日常运营、成果转化服务等业务。三是每季度常态化开展一次科技项目季度预下达，预下达的科技项目可以提前开展项目开题、采购工作。四是建立公司科技项目借款机制，减少公司科研人员垫资开展科研工作的负担。财务部负责，创新与数字化部配合，常态化开展工作。五是落实重大科技奖励激励，获省部级及以上科技奖励的成果，公司额外配套30%奖金，对承担国家科技项目（项目或课题牵头）、南方电网重大科技专项（牵头）的科研团队，按计划完成项目研究任务的，对科研团队给予物质奖励，其中项目负责人和技术负责人获得的奖金不低于30%，奖金从大众创新奖列支。

第四节 示范工程建设机制

坚持抓好关键核心技术研发,以南方电网总师、职能部门负责人、行业领军人才作为重大科研团队负责人,采用团队统筹全网研发资源和项目的方式,围绕"源网荷储"能源产业链,采用"云大物移智"新技术、新业态、新平台,推进关键共性、前沿引领、现代工程、颠覆性核心技术的研发推广应用。近期,组建大电网安全稳定运行与控制、直流输电、大容量储能、智能配电网、电动汽车运营、可再生能源消纳、电力现货市场、超导、机器人等南方电网级重大科研团队,统筹资源、集中力量攻克一批关键核心技术,抢占行业技术制高点,取得大量行业领先成果。掌握创新主动权,深入推进人工智能技术与业务发展深度融合,在市场营销、综合能源、生产运行、规划建设、信息化及网络安全、企业管理等领域取得突破性进展。针对与世界一流电力企业在配电网方面的技术差距,加大配用电领域项目布局,提升供电可靠性、安全性,推动服务方式向多样化、个性化、智能化转变。

科技创新若无法转化为运用价值,无疑是极大的浪费。近年来,南方电网积极推动科技创新和体制机制创新"双轮驱动",开展科技成果转化应用的探索实践,着力彰显科技创新价值。按照国家"双创"示范基地的建设要求,南方电网制订南方电网"双创"基地建设方案,打造南方电网双创"线上+线下"平台;加强南方电网创新能力开放合作,积极参与实施"一带一路"科技创新行动计划,努力融入粤港澳大湾区国际科技创新中心建设,研究整合国内外企业、科研院所、高等院校力量,建立创新联合体;建全创新创业企业管理体系。面向行业科技前沿与业务发展需求,进一步强化南方电网科技创新平台顶层设计、系统布局与能力提升,加快完成直流输电技术企业国家重点实验室建设,研究建设公司大数据中心、新能源研究试验基地、海南智能电网实验室。

目前,南方电网打造"双创"线上线下平台,南方电网已全面启动17项示范工程及"互联网+"双创平台建设。其中,"双创"线上平台为创新创业提供法律、财务、投融资、创业指导等专业服务;"双创"线下平台以科技创新主体、重点实验室、劳模工作室、产业链上下游企业等为载体,统筹协调推进建设。依托"双创"线上平台,能够实现成果信息、产业单位信息与转化服务的共享,促进全网科技成果转化服务资源的高效利用。

南方电网梳理出"十四五"期间重点开展 24 个重大示范工程，包括藏东南及北方清洁能源基地送电粤港澳直流输电工程、YX 岛兆瓦级波浪能示范工程、广东阳江海上风电、南海岛礁群微电网工程、广州南沙 5G＋智能电网示范工程、深圳、广州或海南电动汽车与电网互动示范工程等。依托上述工程完成超远距离、跨区域、大容量特高压直流输电、兆瓦级高效可靠波浪能发电装置、大规模海上风电柔性直流与低频输电、海岛微电网群、5G＋智能电网、电动汽车集群优化负荷控制等关键技术的研究与应用，实现服务和商业模式创新、管理创新示范。南方电网坚持面向国家重大战略、面向行业科技前沿、面向生产经营一线需求、面向人民高品质生活，强化各类创新的统筹管理与有机融合，推动战略、组织、制度、资源等创新要素的协同匹配，形成相互促进、共同发展的有机整体，通过完善公司科研体制、创新科研机制、统筹创新要素、激发科研活力推动科研工作实现质量变革、效率变革和动力变革。

南方电网深圳供电局结合公司示范工程建设要求，打造一批引领性示范工程，做好国家重点研发计划项目"梯次利用动力电池规模化工程应用关键技术""电力系统终端嵌入式组件和控制单元安全防护技术"实施，引领退役动力电池梯次利用储能的规模化可持续发展，打造"电力安全芯片"应用示范工程，提升电力行业生态自主可控，推动国产芯片发展。做好公司重点项目"城市配电网超导输电关键技术研究及示范应用""基于直流的综合能源系统关键技术研究与应用"实施，打造超导精品示范工程，促进催生超导新产业，夯实公司直流核心技术研发能力。同时，探索园区智能微网建设运营模式，推动开展小梅沙智慧能源示范工程建设，依托高效用能系统、绿色示范项目的建设，探索形成智慧、互动、开放的园区智能微网运营体系。支持新兴业务公司开发深圳市内的微电网项目，深化微电网产品的标准化、规范化，建立园区智能微网运营高质量服务能力。

第五节　创新考核与评价机制

1. 创新考核机制

南方电网建立健全创新工作分类考核机制，建立与各单位（部门）职责定位相匹配的分类考核机制，用好创新评价"指挥棒"。压实各部门创新工作责任，将抓好本业务领域创新工作、承担重点创新任务情况作为南方电网相关业务部门组织绩效考核的重要内容。完善各单位创新绩效分类考核机制，网级科研单位以承担重大科研任务、突破关键核心技术、产出重大科技成果等作为主要考核指标，构建使命驱动、任务导向的绩效考核机制；管制类单位以研发投入与产出为主要考核指标，同时加强科技创新的正向激励，对承担重大科研任务、产出重大科研成果等予以加分；战略性新兴业务单位以研发投入与价值创造为主要考核指标，注重科技创新对企业可持续发展与经营业绩的支撑和影响。构建价值导向的科技资源配置机制，对投入产出比高的单位，在预算下达、创新平台建设、考评奖励等方面予以倾斜。

为了加快实施创新驱动发展战略，南方电网建立自主创新和科技成果转化的激励分配机制，调动技术和管理人员的积极性和创造性，推动高新技术产业化和科技成果转化，依据国家有关法律法规政策，结合南方电网实际，制定科技成果分红激励实施细则。该细则规定以下类型科技型企业或职务科技成果转化项目可以优先开展分红激励：符合国家科技创新规划战略布局和南方电网科技创新研发方向，承担国家科技创新重大专项、重大工程、国家重点研发计划的；收入和利润来源于南方电网系统外部市场占比较高的；符合南方电网建设世界一流企业战略目标方向的；自主创新能力较强、成果技术水平较高、市场前景较好的。

实施分红激励的企业应当制定明确的发展战略，主业突出、成长性好。内部治理结构健全并有效运转，管理制度完善，人力资源、劳动、分配制度改革取得积极进展。具有发展所需的关键技术、自主知识产权和持续创新能力。科技型企业实施分红激励，激励方式包括岗位分红激励和项目收益分红激励；科技型企业应结合自身实际，科学选择分红激励方式。原则上，同一企业应当采取一种分红方式，对同一激励对象就同一职务科技成果或产业化项目，给予一次激励。其他企业只能实施项目收益分红激励，鼓励向南方电网系统外单位转化科技成果；向南方电网系统内单位转化科技成果的，应当在项目实施后，由转化双方出具该项科技成果产生的经济效益、实施效果评估报告，并经南方电网认可同意。

加强考核激励，建立科学合理的考核评价及第三方评估机制，全面反映各项工作的实际效果。将科技体制改革攻坚方案重点任务纳入分子公司经营业绩考核，压实主体责任，建立以改革成效为导向的激励机制，对科技体制改革工作中做出重大贡献、取得重大突破的人员和单位，在奖励评先方面给予支持。

岗位分红激励方案有效期原则上不超过 3 年（自制订方案当年起）。项目收益分红激励方案有效期应当结合职务科技成果转化方式合理确定，原则上最长不超过 5 年。实施分红激励的企业应当同时建立健全与分红激励配套的员工绩效考核评价体系，全面、客观、准确地评价激励对象业绩贡献。实施分红激励的企业（或科技成果转化项目）的考核结果应当与分红激励总额度挂钩，个人绩效考核评价结果应当用于个人分红激励兑现。企业实施分红激励，应当重点加强对财务类指标的考核，岗位分红激励年度净利润增长率低于近 3 年平均增长水平的，应终止实施方案；项目收益分红激励财务类指标未达到考核目标的，原则上应终止实施方案。其他指标未达到考核目标的，应当按照约定或规定扣减额度或终止实施方案。激励对象未达到个人年度绩效考核要求的，应当按规定或约定扣减、暂缓或停止分红激励。企业应当建立完善的业绩考核体系和考核办法，在激励方案中明确激励实施的有关考核指标。

（1）岗位分红激励的考核要求。科技型企业应当建立完善的业绩考核体系和考核办法，在激励方案中明确除净利润增长率的要求外，还应结合企业经营特点、发展阶段及科技创新等情况，从以下维度综合确定年度考核指标（原则上三类指标至少各选一个）：财务类指标，如净利润增长率（必选）、净资产收益率、主营业务收入增长率等；科技创新类指标，如科技创新收入增长率、科技创新收入占营业收入比重、新增（成果转化）合同额增长率、专利数量等；管理类指标，如核心人才保留率、劳动生产率、成本费用占营业收入比重等。对于初创阶段等特殊情况的企业，根据企业功能定位、发展前景等因素，合理设置考核指标，可以管理类、科技创新类指标为主，体现初创阶段的发展导向。

（2）项目收益分红激励的考核要求。企业以职务科技成果作价投资，自行实施或者与他人合作实施方式开展项目收益分红激励的，应结合企业科技创新及项目实施情况，从以下维度约定年度考核指标（原则上三类指标至少各选一个）：项目财务类指标，如项目收入增长率、项目投资回报率、项目净利润增长率等；项目创新类指标，如项目专利和知识产权数量、项目获奖情况等；项目管理类指标，如项目研发费用占营业收入比重、新增项目合同数（额）增长率、合同履约率等。以职务科技成果转让、许可给他人实施的，若不采取一次性激励的方式，原则上也应按照以上要求制定有效期内的考核办法。

（3）考核目标水平的确定。实施分红激励的企业以自身历史业绩水平纵向比较为主，鼓励具备条件的企业（或项目）采取与同行业或对标企业业绩横向对标的方式，综合确定考核目标水平。在激励方案中应当载明考核目标的确定方式，选择企业对标的，应说明对标企业的选取原则。考核目标水平设置应结合企业经营状况、行业周期及科技发展规划等因素综合确定。原则上，相关指标不低于上一年度实际业绩水平或本企业近3年平均业绩水平（实施岗位分红的，年度净利润增长率指标必须高于近3年平均增长水平）。引入行业对标的，相关指标应当不低于同行业平均（或对标企业50分位值）业绩水平。

南方电网深圳供电局优化创新考核机制，不断提升全员创新活力，在各部门（单位）组织绩效"创新驱动"考核任务中，设置基本任务和挑战任务相结合的考核方式，仅完成基本任务不能得满分，改变以往创新工作"不做不错、做多错多"的考核方式，鼓励各部门（单位）积极参与创新项目和成果申报。针对共同承担科技项目，可采用"双算"等模式，鼓励协同创新。

2. 创新评价机制

为深入践行国家创新驱动发展战略，全面承接国资委中央企业负责人经营业绩考核中突出创新驱动发展的要求，持续优化南方电网创新评价工作，有力支撑南方电网战略目标实现，南方电网特制定《中国南方电网有限责任公司创新评价管理办法》。

（1）总体原则。

1）坚持战略引领，价值导向。围绕南方电网建设具有全球竞争力的世界一流企业战略目标，以创新质量、贡献、绩效为导向，充分发挥创新评价的指挥棒作用，引导各单位加大研发投入，加快关键核心技术攻关，推动以科技创新为引领的管理创新、服务创新、商业模式创新等全面创新，不断提高自主可控水平、行业引领能力和核心竞争能力。

2）坚持分类评价。根据南方电网管制、新兴、国际、金融、共享平台等不同业务类型企业的功能定位与业务特点，对各分子公司实行分类评价，突出不同评价重点，设立差异化的评价指标体系。

3）坚持科学合理，客观公正。遵循导向性强、客观量化、易于统计的原则，充分借鉴国家、行业创新指标与国资委中央企业负责人经营业绩考核指标，结合南方电网实际，构建统计口径规范、数据来源权威、易于量化计算的创新指标体系，提高创新评价的科学合理性。

4）坚持创新评价与激励约束紧密结合。坚持权责利相统一，强化正向激励与评价结果的运用，建立与企业功能定位相适应、与经营业绩、评优表彰相挂钩的激励约束机制。

（2）评价分类。

南方电网创新评价按结果运用类型分为考核评价与发展评价。考核评价以强化创新驱动为目标，选取可有效表征创新质量、贡献、绩效的关键指标及重点任务，纳入分子公司负责人业绩考核管理体系进行评价考核与结果运用。发展评价以全面衡量各单位科技创新发展水平为目标，制定科技创新指数，按照年度科技创新指数评价细则进行评价，评价结果应用于创新评优与表彰。

创新考核评价根据分子公司的不同战略定位、功能特点、业务特性，将分子公司分为管制类单位、市场竞争类单位、服务支撑类单位三类，明确各单位科技创新、管理创新、服务创新、商业模式创新等不同创新活动的重点与导向，根据各自评价重点确定差异化的考核评价标准。

对管制类单位，考核评价以推动全面创新为核心，紧密围绕主营业务特点，统筹推进科技、管理、服务、商业模式创新，引导其加快形成功能互补、良性互动的全面创新格局，不断提升创新资源配置效率和可持续发展能力。管制类单位包括中国南方电网电力调度控制中心、中国南方电网超高压输电公司、各省（级）电网公司，南方电网调峰调频发电有限公司参照管制类单位进行考核评价。

市场竞争类单位，考核评价以推动商业模式创新为重点，聚焦市场化业务，引导其加快推进业务模式、生产组织、销售渠道优化升级，创建高效盈利模式，不断提升市场竞争能力。市场竞争类单位包括南方电网综合能源有限公司、鼎元资产公司、产业投资集团、资本控股公司、鼎和保险公司、南网财务公司、南网国际公司、云南国际公司。

对服务支撑类单位中的科研型企业，考核评价以推动科技创新为重点，关注自主创新能力的提升，引导其发挥科研专业队伍作用，加快关键核心技术攻关，取得重大科技创新成果，引领行业技术进步。服务支撑类单位中的科研型企业包括南网数研院、南网科研院。

对服务支撑类单位中的非科研型企业，考核评价以强化创新、提升服务主业水平为重点，引导其通过创新不断提升核心竞争力，提高服务的高质量供给水平。服务支撑类单位中的非科研型企业包括南网物资公司、南网传媒公司、南网能源院、广州电力交易中心、南网培训中心。

创新发展评价重点针对管制类业务南方电网与服务支撑类单位中的科研型企业，包括超高压公司、各省（级）电网公司、南网数研院、南网科研院，调峰调频公司参照管制类单位进行发展评价。

（3）评价内容。

南方电网创新考核评价重点围绕创新考核评价指标与重点任务开展，创新考核评价指标主要从国家科技创新通用评价指标与国资委对中央企业的创新考核指标中选取，主要包括创新投入、创新产出、创新成效三类指标。在创新投入方面，重点评价人、财、物等创新资源投入情况，主要包括研发经费投入强度、创新项目投入强度、承担重点创新项目数量、拥有重点科研平台数量等指标，引导分子公司根据主营业务创新活动重点，加大创新投入，优化创新资源配置。在创新产出方面，重点评价知识产权创造、技术标准制定、重大科技创新成果产出和转化应用等情况，主要包括单位科技投入新增发明专利授权数、取得重大科技成果数量、创新成果推广应用率、科技成果转化率等指标，引导分子公司结合自身业务发展重点，持续提升创新活动产出的数量与质量。在创新成效方面，重点评价创新活动对国家、行业技术发展与进步的引领作用、对南方电网生产经营的支撑保障作用、对提升企业经济效益、社会效益、品牌效益的价值创造效果，主要包括新产品（新业态）销售收入占营业收入比、科技创新收入、培养高层次科技人才数量、获得重大创新奖励数量等指标，引导分子公司以贡献与绩效为导向，持续提升创新价值。

创新考核评价指标分为年度指标、任期指标与加分项指标。其中，年度指标侧重于适合当期评价的创新投入与创新产出指标，任期指标侧重于适合需时间跨度评价的创新产出与创新成效指标，加分项指标侧重于重大创新成效指标。根据分子公司分类、创新重点、发展短板等，南方电网按照"一企一策"原则遴选确定相关指标。对管制类单位，将研发经费投入强度、创新项目投入强度、承担重点创新项目数量、关键核心技术攻关、科技成果转化率等指标作为年度考核备选指标；将单位科技投入新增发明专利授权数、新增重点科研平台数量、创新成果推广应用率、创新项目后评价优秀率等指标作为任期考核备选指标；将取得重大科技成果、取得重大创新奖励等作为加分项指标。对市场竞争类单位，根据主营业务类型及在南方电网创新链条中的定位选取符合业务创新特点与南方电网创新要求的创新指标进行年度、任期考核评价，重点包括技术合同交易额、新产品（新业态）销售收入占比、创新成果应用率等；将取得重大科技成果、取得重大创新奖励等作为加分项指标。对服务支撑类中的科研型企业，将关键核心技术攻关、取得重大科技成果、取得重大创新奖励、科技成果转化率、技术服务满意度等指标作为年度考核备选指标；将单位科技投入新增发明专利授权数、新增高层次科技人才数量、科技创新收入增长率、新增重点科研平台数量等指标作为任期考核备选指标；将取得重大创新奖励等作为加分项指标。对服务支撑单位中的非科研型企业，将创新成果应用率作为考核备选指标；将重大创新奖励作为加分项指标。

除创新考核评价指标外，根据南方电网发展需求，选取重点创新任务，纳入分子公司创新考核评价，重点任务选取主要以国家各部委与南方电网党组部署的重点创新工作及重大创新需求为主，根据分子公司分类进行布置。对管制类单位，将解决电网建设、安全生产、客户服务、产业拓展等业务领域重大或共性技术难题，实施重大管理创新、推动创新成果与新技术应用、建设创新人才队伍，构建"双创"生态圈等作为年度重点任务备选。对市场竞争类单位与服务支撑单位中的非科研型企业，年度重点创新任务主要依据南方电网服务创新与商业模式创新的重点工作选取，促进数字经济、共享经济、新零售、新服务等新兴业务拓展、推动传统用电服务向现代服务业转型。对服务支撑类中的科研型企业，将承担重大科研攻关任务、推进知识产权工作高质量发展、建设国家级科技创新平台与国家标准基地、实施科技成果转化、推进科技产业发展、深化国际创新合作、培养高层次科技人才、深化科研体制机制改革、解决重大技术难题等作为年度重点任务备选。

（4）评价实施。

按照"统一管理、分工负责"的原则，创新评价工作由南方电网创新管理部门牵头组织实施，专业部门根据各自职能分工负责。

对于创新考核评价，评价程序如下：①评价期初，南方电网创新管理部门根据分子公司经营业绩考核工作整体安排，协同计划财务部门及相关业务部门，按《中国南方电网有限责任公司分子公司负责人业绩考核管理办法》，在分子公司年度、任期经营业绩考核方案中，明确纳入考核的创新评价指标、重点任务、权重、目标值及计分规则等；②评价期结束后，分子公司按照年度、任期经营业绩考核方案，完成相应年度或相应任期的创新评价指标与重点任务完成情况自评，结果通过审核后连同相关指标完成证明材料一并报南方电网创新管理部门审定；③根据分子公司年度、任期经营业绩考核安排，南方电网创新管理部门会同相关业务部门对分子公司创新评价指标、重点任务自评得分及考核加分进行审定后，提交公司计划财务部门，纳入分子公司经营业绩考核。

对于创新发展评价，评价程序如下：①评价期初，南方电网创新管理部门印发科技创新指数评价细则；②评价期结束后，分子公司按照科技创新指数评价细则，完成相关的创新评价指标自评，结果通过审核后连同相关指标、完成证明材料一并报南方电网创新管理部门；③南方电网创新管理部门依据科技创新指数评价细则，会同相关业务部门对分子公司提交的自评结果进行审定。

南方电网深圳供电局通过建立各部门单位统一适用的创新评价体系，承接南方电网创新考核、评价相关指标和任务要求，充分考虑各部门、单位创新能力和创新贡献两个维度，建立统一适用的创新评价体系，对各部门（单位）创新工作的能力、贡献度进行统一评价，并对评价结果的排名情况进行通报，以促进各部门（单位）积极承接落实公司创新工作。评价体系可暂不指导考核，今后视情况应用于创新评先选优等工作中。

<<< 第三篇

机制篇

第九章 内外协同的革新创新体制机制

"十四五"期间，南方电网将进一步突出创新的核心地位，发挥央企创新主力军作用，以推进创新体制机制革新，激发人才活力，推动科技自立自强，打造高水平创新平台和人才队伍，加速科技成果产品化、产业化，助力产业链、创新链融合。

第一节 创新科技研发组织机制

1. 对外加强与外部创新资源的协同联动，重点推进"自上而下"的策划机制

一是同知名高校团队建立中长期战略科研合作模式。加强同国内一流高校知名教授、团队的联系（特别是国内相关院士、候选院士及行业领军专家），充分利用双方优势资源，组织创新主力军及科研主体定期对接创新需求，共同策划高水平项目，共同推进重大科研攻关、重大平台建设、重大奖励申报、科研人才培养与共享等工作。重点是策划国家级、省部级、南方电网重点项目，构建面向重大战略的产学研创新生态，提升公司科技创新影响力，打造深圳特色的科技创新品牌。

二是加强面向港澳的创新合作及项目策划。依托深圳地缘优势，在联合港澳创新合作方面取得突破，在香港回归25周年之际，同港中文（深圳）等高校签订战略合作协议，通过联合研发、人才交流、港澳科技成果转化开展战略合作，以联合香港创新为突破口，推动公司创新工作走向国际。

2. 对内加强科技项目与各业务的协同，优化"自下而上"的策划机制

一是加强项目策划与各业务"十四五"规划目标的联动。将项目策划与各专业的"十四五"规划目标相结合，各业务部门在"自下而上"报送创新项目需求时，须明确项目与本业务领域"十四五"规划目标的关系，确保创新项目

助力各业务实现规划目标。

二是建立省级项目指南模式的立项机制。业务管理部门根据行业发展方向、各部门（单位）的创新需求，牵头开展本业务领域的指南编制。创数部组织指南评审后，面向公司公开张榜，各部门（单位）均可揭榜，经可研评审后入库，改变以往项目小、散、乱的情况。

3. 在重点领域实行揭榜、挂帅、赛马等机制

一是针对目标明确的科技难题和关键核心技术攻关项目，采用揭榜制。面向各部门（单位）公开征集创新性科技成果，充分发挥创新"集群动力"。以面向港澳地区揭榜的 2 个项目为契机，形成固化的港澳地区揭榜机制。

二是针对攻关难度大、面向行业科技前沿的项目，实施挂帅制。在公司内部遴选创新能力强的帅才，通过签订责任状、赋予团队组建权等方式开展研发工作。结合高层次技术专家的选聘，遴选帅才开展挂帅制项目。

三是针对生产经营共性问题或共性需求，采用赛马制。在项目前期选取 2～3 家单位实施平行资助，通过规定时间内的二次竞争择优，最终明确技术方案或技术成果，推动公司各部门、单位积极踊跃参与创新，形成体系化机制。

4. 建立跨部门、跨单位、跨专业的协同创新机制

一是加强柔性攻关团队机制应用。将优化人工智能、虚拟电厂、车网互动、零碳建筑等跨部门、跨单位、跨专业的柔性攻关团队经验，继续深化应用，协同推进联合创新。

二是加强成果知本券机制应用。在项目顺利验收后，知本券可在奖励申报、绩效及奖金分配、成果转化回馈等方面兑现，促进成果收益与完成人投入量化挂钩，解决部门（单位）间科技成果确权难等问题。

第二节　健全科技成果转化机制

做强新兴业务公司，做优双创基地，畅通成果转化渠道。充分发挥新兴业务公司创新链与产业链深度融合的作用，搭建开放式、协同式创新平台，吸引内外部科研人员入驻；充分发挥深港科创网级平台作用，推动科技成果转化，为科研人员创造收益回馈；深入推进以成果许可、自行实施、合作实施的转化方式，积极探索成果转让、作价入股的转化方式；探索建立离岗创业人员跟投机制；加强科技创新成果转化应用，对南方电网拥有自主知识产权的科创产品、南方电网孵化平台孵化产品，优先推荐入驻南方电网商城并在系统内采购应用。

推动南方电网科技创新成果在全网先进技术示范区应用，加强转化成果跨行业、跨部门、跨地区推广应用。开展面向产业发展的定制化科研，推动南方电网创新驱动规划、科技规划实施计划与新兴业务规划横向协同，推进定制化、揭榜制的科技项目开发，针对新兴业务发展需求开展针对性研发，助力新兴业务公司掌握核心技术，加速拓展外部市场。

第三节　优化创新考核评价机制

优化考核方式提升全员创新活力。在各部门（单位）组织绩效"创新驱动"考核任务中，设置基本任务和挑战任务相结合的考核方式，仅完成基本任务不能得满分，改变以往创新工作"不做不错、做多错多"的考核方式，鼓励各部门（单位）积极参与创新项目和成果申报。针对共同承担科技项目，可采用共同承担人都算科技成果的方式，鼓励协同创新。建立各部门（单位）统一适用的创新评价体系。承接公司创新考核、评价相关指标和任务要求，充分考虑各部门、单位创新能力和创新贡献两个维度，建立统一适用的创新评价体系，对各部门（单位）创新工作的能力、贡献度进行统一评价，并对评价结果的排名情况进行通报，以促进各部门（单位）积极承接落实公司创新工作。评价体系可暂不指导考核，此后视情况应用于创新评先选优等工作中。

第四节　强化创新正向激励机制

合理分配创新领域董事长奖励金。针对完成创新考核指标，在创新工作中做出突出贡献的团队和人员进行奖励。提高创新成果的奖励金额和授奖数量。在公司创新领导小组的指导和支持下，公司已修编了奖励制度，提高获得公司创新奖励的奖励金额，同时还将在制度要求下增加授奖数量，已获南方电网奖励的成果公司不再重复授奖，以加强激励力度。完善专家选聘及评价机制。将参与重大项目、取得重大成果作为专家选聘、评价的条件，鼓励积极参与创新。

第五节　建立创新容错容败机制

落实"三个区分开来"（把因缺乏经验先行先试出现的失误与明知故犯行为区分开来、把国家尚无明确规定时的探索性试验与国家明令禁止后有规不依行为区分开来、把推动改革的无意过失与谋取私利的故意行为区分开来）。在项目研发、成果许可使用及成果转化过程中营造鼓励创新、包容失败的创新氛围。针对全方位推进技术创新、产品创新、管理创新、市场创新、品牌创新，加快科技成果向现实生产力转化，推动科技与生产经营紧密结合过程中，严格执行决策程序和制度规定，出现失误的情况，经研究认定符合以下情况的可以容错：一是出于对大胆探索、先行先试，而不是有令不行、有禁不止的；二是出于担当尽责，没有为个人、他人或单位谋取私利的；三是由于不可抗力、难以预见等因素，而不是主观故意的；四是经过科学决策、民主决策程序的，而不是个人或少数人专断、一意孤行的。

第六节　完善职工创新工作机制

激发全员创新热情。创新职创管控模式推动技术工人创新、创优、创效，加大技术交流及培训力度，鼓励和支持职工展示创新成果，举办公司职工创新成果展示交流活动，激发广大职工立足岗位创新创效的热情。开展职工创新项目管理"放管服"。进一步简化职创项目实施流程，通过系统审批方式进行验收；年度下达各部门（单位）职创专项经费投资计划总盘子，由各部门（单位）自行策划并实施职创项目，报创新与数字化部备案，进一步营造全员创新的氛围。

第十章　创新人才"选用育留"

根据《南方电网公司"十四五"创新驱动发展规划》要求，南方电网通过提出新时代人才工作新理念新战略、建立校企合作产教融合的人才培养新模式、优化人才发展与创新工作协同联动机制、创新人才评价服务支持机制、建设南网特色的科研攻关团队、组织成立各有侧重各具特色的科研公关团队等六个方面的理论升级、机制优化、团队建立，全面形成南网特色的创新人才"选用育留"模式。

党对于新时代的人才工作有三点要求：坚持党管人才，加强党对人才工作的全面领导；坚持"四个面向"，为全面建设社会主义现代化国家提供人才支撑；全方位培养、引进、用好人才，聚天下英才而用之。在此基础上，南方电网对于新时代人才工作也提出六点新战略，即完善人才培养机制、优化人才使用机制、健全人才评价机制、建立人才服务机制、强化人才支持机制、完善人才激励机制。

第一节　新时代创新人才工作新理念、新战略、新举措

南方电网深圳供电局以建设世界一流企业为战略引领，承接"南网人才30条"制定《中共深圳供电局有限公司委员会关于贯彻落实新时代人才工作新理念新战略新举措的实施方案》（简称《深供人才100条》），明确"515"专家队伍及"1530"高精尖缺人才队伍建设目标，推进人才链与创新链、产业链、资金链有机融合。坚持"立足深圳、面向全球、服务南网"理念，深化人才飞地改革试点、人才高地建设，努力将深圳打造为全网的智力共享中心。其中，针对科技人才的"选用预留"，《深供人才100条》明确以下支持举措：

（1）建设高水平人才高地。结合公司实际，通过引进外部科研人才、培育内部创新人才等形式，建设1～2个省域级、专精特新领域人才高地，开展人才

发展相关领域改革试点。

（2）加大与鹏城实验室、人工智能与数字经济广东省实验室（深圳）等深圳国家级创新载体在科技创新、人才培养方面的合作力度，进一步强化公司人才优势和特色。

（3）建立人才发展工作协同机制。完善科技项目对人才的稳定支持和竞争性支持相协调的机制，依托南方电网重点科技项目中的专家专项和青年人才专项，为领军级及以上专家主持公司科技攻关提供专门渠道，为青年人才实现创新、创意提供绿色通道。

（4）加强专业技术人才队伍建设，探索建立具有深圳特色、行业一流水平的工程师培养体系，依托重大项目、任务、难题、标准、规划、职工创新，开展工程师培养。研究与能源电力学科优势院校及深圳本地知名高校签订联合人才培养协议，建立工程师驻产业链、创新链相关科研院所、企业进行厂企合作人才培训机制。

（5）积极开展"南网高层次人才特殊支持计划"首批支持对象的选拔工作，为省部级及以上人才支持计划储备后备人才。在公司重大项目、重大工程和重大产业发展领域，研究制订南方电网深圳供电局高层次人才特殊支持计划，选拔具有理论前沿、技术前沿和产业创新前沿开拓能力的人才。

（6）为青年科技人才提供锻炼成长机会，提高青年人才担任项目负责人的比例，由40岁以下青年人才担任项目负责人的新立项科技项目不低于新立项科技项目总数的30%；40岁以下青年人才占比超过60%的项目团队在所有项目团队中的比例不低于30%；实施公司青年科技人才托举工程，以人才密集单位为主体，以创新项目为载体，广泛开展青年科技人才跨单位交流培养。尽快搭建交流平台，邀请国内外高水平专家与公司专业业务团队进行交流，提升人才综合能力、拓展人才视野。

（7）组织引导公司高层次人才在国际经济技术规则、产业政策、行业规划、关键项目、重大奖项、技术标准等的研究评价中发出南方电网深圳供电局的声音，在国际性行业性的议程设定、问题界定、政策制定、成果评定中发挥南方电网深圳供电局的作用。

（8）支持公司科技人才到公司孵化器单位离岗创新创业，签订离岗协议，约定离岗期间相关方的权利义务。

（9）加大人才服务保障力度。制定高层次人才服务保障清单，为高层次人才提供工作自主、资源倾斜、团队决策、稳定支持、弹性工作、减轻公文及会议等事务性工作负担、开展技术交流、获取学术资源、申请政策支持、出差便利等方面保障，探索聘任科研助手，着力解决高层次人才兼职多、会议多、填表多的问题，打造全链条、全方位、全周期的人才综合服务机制。

（10）依托重大科技攻关任务，设立客座研究员项目，吸引高校、科研院所、知名企业优秀人才到公司兼职开展创新创业、咨询指导、合作研究。

（11）积极融入粤港澳大湾区国际科技创新中心建设，推动联合研发机构、联合研究计划、联合创新平台建设，促进公司人才与粤港澳大湾区一流人才开展合作创新，推进孵化转化。加大面向港澳的创新项目策划力度，积极推进面向港澳合作的创新项目征集和揭榜工作。

（12）加强院士工作站运作管理，与院士团队构建产学研用深度融合的合作关系；加强博士后创新实践基地管理，引进和培养博士后高层次人才；加强研究生工作站运作管理，引进研究生参与重点项目研究，做好技术研究的支持保障。

南方电网深圳供电局深入贯彻"企业第一资源、发展竞争之本"的人才理念，不断深化人才发展体制机制改革，人才队伍快速壮大。经过多年探索，南方电网深圳供电局人才队伍建设取得突出成效。专家总数逐步增长，由2021年的143提升2倍至299，达到员工总数6%，广大员工立足岗位、钻研创新的氛围日益浓厚；人才质量不断提升，国家级高层次人才增长至4人，南方电网杰出技能专家由1人增到4人；人才发挥作用更加显著，以高层次人才引领，推动公司在虚拟电厂、车网互动等在关键领域话语权显著提升。

南方电网深圳供电局积极打造高层次人才的聚集平台。不仅通过人才开放日、创新创业大赛等形式，扩展人才来源；还将通过高层次人才引进"直通车""以才引才"等方式，畅通人才引进渠道。

南方电网深圳供电局创新构建"DEEP路径图"，围绕"双线（综合能力线和专业能力线）""延展""均衡""以人为本"四重人才培养理念，聚焦十部员工成长关键时期的关键诉求，为从新员工到南方电网党组管理人员/战略（杰出）级专家各层级的干部员工量身定制培养方案，实现全面赋能。

结合"DEEP路径图"，南方电网深圳供电局将重点研究制订年轻员工"选种育苗"方案，对高潜力的年轻员工进行跟踪培养。后续，南方电网深圳供电局还将充分利用深圳连接港澳的地缘优势，开展与港澳地区在深圳知名高校、深圳本地国家级创新载体（如鹏城实验室等）之间的人才交流、科技创新等合作，为人才加速成长提供平台。

一直以来，南方电网深圳供电局积极发挥区域人才政策优势，鼓励并推动高层次人才参与评比认定工作，积极引导人才在对外交流合作中发挥作用。

南方电网深圳供电局以深化三项制度改革（国有企业劳动、人力资源、分配制度改革）为契机，创新试点专家招标竞聘机制，有效激发专家人才攻坚克难。此外，还将通过探索聘任科研助手等举措，打造全链条、全方位、全周期的人才综合服务机制，让人才全身心投入到价值创造中。南方电网深圳供电局将继续发挥先行示范作用，推进《深供人才 100 条》落地见效，全力促进南方电网深圳供电局人才培育工作取得更宽领域、更深层次、更高水平的持续发展。

第二节　校企合作、产教融合的创新人才培养新模式

南方电网对于人才培养机制有三方面的新规划：

（1）建立人才培养规划。围绕"四个面向"，建立南方电网战略性、前瞻性、关键核心技术和业务清单，据此制定战略级高层次人才培养规划；建立南方电网重点项目和任务清单，据此制定领军级高层次人才培养规划；建立南方电网各项业务相关的主要专业领域清单，据此制定拔尖级高层次人才培养规划。

（2）打造人才培养品牌项目。定期举办南方电网"专家大讲坛"，建立分专业网络学习社群。依托知名高校举办高端科技人才研修班、高端专业人才研修班，推动高层次人才更新知识结构，掌握前沿理论，树立全球视野。

（3）实施青年科技培养计划。升级拓展南方电网西部优秀创新人才培养计划，以人才密集单位为主体，以一年为周期，广泛开展创新人才跨单位交流培养。

以南方电网深圳供电局为例，加强人才工作站运作效率，积极引进优质人才。依托重大项目引进院士专家及高校团队进站开展联合攻关，院士工作站每年承接南方电网及以上级别重大科技专项不少于 1 项，构建产学研用深度稳定的合作关系；研究生工作站每年引进不少于 5 名高校优质人才进站工作；申报博士后工作站，2019 年成功申报深圳市博士后创新实践基地。电科院负责，组织人力资源部、创新与数字化部配合，常态化开展工作。

青年人才的发掘更要以校企合作、产教融合的方式进行发掘。2008 年 6 月，公司研究生工作站挂牌成立，这是南方电网系统第一个研究生工作站。2008 年 9 月，公司博士后科研工作站正式挂牌成立，这是南方电网系统第二个博士后

科研工作站。2020 年，南方电网深圳供电局博士后创新实践基地由深圳市人力资源和社会保障局批准设立，是南方电网深圳供电局推动企业技术创新和产学研结合，吸引、培养、储备高层次人才的重要平台。2019 年 6 月，南方电网院士专家工作站获批设立。博士后科研工作站由全国博士后管理委员会批准设立。研究生工作站经校企双方协商一致后设立。三站共引进博士后 30 名，培养研究生 368 名，留网省南方电网工作博士 16 名，研究生 57 名，目前在站研究生 41 名，博士后 5 名，培养了一大批南方电网企业导师，邀请了多位中科院、工程院院士指导公司科技项目。2019 年，南方电网与华北电力大学联合办学招录的首批 13 名研究生进站，为省级电网企业首家，南网首家。三站已打造成南方电网人才孵化器和加速器。

博士后科研工作站、研究生工作站管理实施细则，按照南方电网制度简明化要求，结合博士后工作站、研究生工作站（简称两站）管理工作实际，将《云南电网有限责任公司博士后科研工作站管理实施细则》（Q/CSG－YNPG2150009—2017）和《云南电网有限责任公司研究生工作站管理实施细则》（Q/CSG－YNPG2150008—2016）两项制度相关管理要求统一纳入《云南电网有限责任公司博士后科研工作站、研究生工作站管理实施细则》（征求意见稿），并适当修改完善"两站"常规管理业务相关要求，同时针对新业态，增加对于企业职工参与校企联合培养研究生的在站管理要求和相关流程。

人才培养：在员工招聘方面，南方电网对 985 院校、中科院系统内优秀博士、硕士毕业生的招聘方式主要是校园招聘和社会招聘。校园招聘方面，一般安排电气类、热能动力类、计算机类、通信类及其他符合南方电网生产经营发展需要的优秀博士、硕士毕业生招聘计划；社会招聘方面，招聘范围主要为急需紧缺、高层次人才，目前南方电网电力科技股份有限公司（简称南网科技公司）已通过社会招聘渠道招聘智能终端研发、数字化（如嵌入式开发、软件开发、算法工程师等）等专业人才，广州供电局有限公司已通过社会招聘渠道招聘氢能源研究等急需紧缺人才。在人才引进方面，南方电网通过博士后科研工作站招聘博士后，引进毕业 5 年以内的优秀博士；对战略人才、领军人才的推荐渠道以个人、用人单位推荐为主，主要根据南方电网高层次人才引进工作方案，按"一人一策"形式实施引进。目前，未采用猎头等社会招聘渠道。此外，为规范开展人才工作站的建设和管理，广东电网公司出台了《南方电网院士专家企业工作站管理实施细则》《南方电网博士后科研工作站管理实施细则》。

校企合作：南方电网已与清华大学、华中科技大学、武汉大学等 11 所知名高校签订校企共建协议，通过师资互聘、校企专家"进高校、上讲台"、专家大讲堂、校企专家技术对接、联合培养研究生、科研项目合作等形式，开展校企合作。

联合实验室：目前，南方电网已与多所高校建立多个联合实验室，一是风电控制与并网技术国家地方联合工程实验室，与华南理工大学合作建设；二是南网电力超导联合实验室，与上海交通大学、北京交通大学等联合建立；三是南网电力机器人联合实验室，与香港中文大学（深圳）、中国科学院沈阳自动化研究所、武汉大学、深圳大学联合建立；四是南网新能源联合实验室，与澳门大学、华南理工大学等联合建立；五是数字电网信息物理安全实验室，与中国信息通信科技集团有限公司、西安交通大学联合建立；六是低压创新实验室，与香港理工大学屋宇设备工程学系联合建立。

此外，依托南方电网深圳供电局，南方电网建设新型智慧城市高品质供电联合实验室。面向国家经济社会发展需要，服务粤港澳大湾区和深圳中国特色社会主义先行示范区建设，以高品质供电支撑智慧城市发展和新型基础设施建设，满足新型智慧城市对供电能力、电能质量、用户服务的变革性要求，践行"开放、流动、联合、竞争"的实验室建设理念，培育和带动能源电力新兴产业共同发展，提升我国智慧城市电网科技创新和装备制造水平，培育战略性新兴产业，为广大电力用户创造价值，成为新型智慧城市能源电力科研领域的国家队。

第三节　创新人才发展与创新工作协同联动机制

南方电网在优化人才使用机制方面，提出健全人才发展与创新工作协同机制。对南方电网重点科技项目负责人及核心成员，进行资质、业绩、潜质评估，作为相应层级专家后备人选重点培养；在各类科技项目立项论证、结题评审时，将人才发展成效作为重要内容。

在专家人选培养方面，加强高层次人才的系统性培养。以战略（杰出）专家为目标，联合科数部及相关对口业务部门对领军及以上专家实行人才梯队配套、科研条件配套、管理机制配套的政策，提供项目支持、平台支持、问题解决机会支持、团队支持，相关支持措施以"一人一策"培养方案纳入专家角色管理和任期目标考核中，为专家充分发挥作用创造条件。

在人才发展成效方面，考核结果与专家薪酬激励直接挂钩。以业绩贡献量化评价推动专家作用发挥。任期考核结果与聘任直接挂钩，任期考核为优秀的可直接续聘或继续参加更高层级专家选聘，其他全部需重新参加选聘，并按不同考核结果设置可聘任上限，直接影响专家聘任和薪酬激励。建立专家薪酬待遇延迟支付机制，专家激励待遇考核后再兑现，有效传导考核压力。

以南方电网深圳供电局为例，在创新领域试点"建三制促四才"机制，充分发挥创新"集群动力"，构建公司创新金字塔，打造公司发展、技术崛起、人才涌现的创新生态体系。一旦以"三制"（自荐制、揭榜制、挂帅制）促"四才"（选才、用才、育才、留才），使人才选聘方式更加灵活，促进形成柔性的团队组建模式，通过"项目制""课题制"等方式引进外部高端人才及内部优秀人才并成立项目小组，每小组3～5人，专职离岗创新与兼职创新相结合，为专职离岗设置专项岗位，明确专项岗位任期及履职要求，促使人才全身心投入创新工作；二是为兼职人员建立沟通协调机制，除完成本职工作外，应用更多业余时间参与创新工作，更大力度挖掘人才潜能，发挥人力资源效能。三是人才招募更加有效，基于公司内部人才市场，以揭榜制项目为切入点，促进建成"招标竞岗"机制，将"千里马"选出来，促进人岗动态优质匹配，人尽其才。

第四节　创新人才评价、服务、支持机制的创新

南方电网在健全人才评价机制方面有两点创新。

（1）加大专业技术专家、技能专家选聘力度。突出考察专家人选的创新能力、绩效、贡献，推动实现"百千万"人才队伍建设目标，为南方电网创新发展提供源源不断的创新人才支撑。建立科学的人才分类评价标准体系，对从事基础和前沿技术研究、应用研究、成果转化等不同活动的人员，完善分类评价标准和办法，突出能力和业绩导向。

（2）健全创新人才评价流程与制度体系。推行同行评议、第三方评价，拓展社会化、专业化、国际化的评价机制。针对非共识性人才试点设立评价绿色通道。建立创新人才容错评价机制，试点建立关键领域人才容错白名单，完善容错界定、容错申诉、容错兑现流程，让人才放心大胆地挂帅出征。

在建立人才服务机制方面，加强党组（党委）联系服务专家机制，做到政治上充分信任、思想上主动引导、工作上创造条件、生活上关心照顾；提升对高层次人才的服务保障水平，按规定为高层次人才提供住房、医疗、子女教育等方面的服务和帮助，解决人才后顾之忧；建立高层次人才谈心谈话制度，各级人力资源部门对高层次人才定期组织谈心谈话，开展政策宣贯、意见收集、业绩反馈；持续优化项目管理等业务流程，减轻高层次人才不必要的负担和干扰；整合南方电网系统人才平台，建立网级、分子公司级人才工作站，发挥人才服务平台的作用；对外引进人才，对内集聚专家，组织开展政治学习、政策宣贯、技术交流、经验分享、合作创新、问题研讨、师徒辅导、培训授课等工作。

在强化人才支持机制方面有三点创新。

（1）建立健全南方电网院士人才梯队。设立南方电网"未来电网实验室"，作为院士人才梯队培养使用平台，工作内容着眼于南方电网未来 5～20 年的技术储备需要。公司每年给予院士 1000 万元、院士后备人才 500 万元、院士高潜人才 200 万元自由探索经费，确保对院士人才梯队的长期稳定支持。

（2）设立"南网高层次人才特殊支持计划"。在南方电网重大项目、重大工程和重大产业发展领域，选拔具有理论前沿、技术前沿和产业创新前沿开拓能力的人才，予以重点支持。对计划入选人才实行人才梯队配套、科研条件配套、管理机制配套的特殊政策，赋予入选人才更大技术路线决定权、更大经费支配权、更大资源调度权，为入选人才提供项目支持、平台支持、问题解决机会支持、团队支持，引导推动入选人才加速成长。

（3）完善科技项目对人才的稳定支持和竞争性支持相协调的机制。在南方电网科技项目中设立专家专项和青年人才专项，确保领军级及以上专业技术专家每年主持或主要参与不少于 1 项南方电网重点科技项目，支持青年人才能够更多地在南方电网科技攻关中发挥重要作用。

近年来，南方电网坚持以人为本，全方位、深层次推进劳动、人力资源、分配三项制度改革，加快探索战略性现代人力资源管理，推动企业实现质量变革、效率变革和动力变革。创新人才使用机制，探索重大科技项目立项"揭榜挂帅""赛马"等制度，做到创新不问出身、选拔不论资历、发展不设门槛，让有真才实学的优秀人才有用武之地。

2022 年 3 月，南方电网党组印发《关于贯彻落实新时代人才工作新理念新战略新举措的实施意见》，聚焦全方位培养引进用好人才、深化人才发展体制机制改革等提出 30 项工作措施，规划分"三步走"打造能源电力领域人才竞争比较优势，建设中央企业一流、全球能源行业前列的高水平人才队伍。

到 2025 年，实现南方电网"百千万"人才队伍和高精尖缺人才队伍建设目标，新增战略级人才 200 人、领军级人才 2000 人、拔尖级人才 10000 人，战略级高层次人才集聚水平明显提高，在关键核心技术领域拥有一大批专家。

到 2030 年，基本建成具有世界一流企业特征的人才发展体系，在电力科技领域有一批领跑者，在能源产业新兴前沿交叉领域有一批开拓者。

到 2035 年，具有世界一流企业特征的人才发展体系成熟定型，形成南方电网在能源电力领域的人才竞争比较优势，高水平人才队伍位居中央企业一流、全球能源行业前列。

以南方电网深圳供电局为例，在人才服务与支持方面，做实人才工作站、培养高水平科技人才队伍，构建"三制并行"创新模式促进南方电网选才、用才、育才、留才。其中，做实人才工作站方面，依托重大项目引进院士专家及高校团队进站开展联合攻关，院士工作站每年承接南方电网及以上重大科技项目不少于 1 项，构建产学研用深度稳定的合作关系；研究生工作站每年引进不少于 1 名高校优质人才进站工作；配合南方电网做好博士后工作站相关工作，做好深圳市博士后创新实践基地运维工作。

在培养高水平科技人才队伍建设方面，优化创新型人才发展通道：持续完善人才梯队建设，承接南方电网技能人才的分类分级评价标准，增加人才培养深度，积累人才后备力量，向下延伸人才梯队，设置并制定下延梯度的分类分级评价标准；推进"员工—业务尖兵—专家"发展通道与专业技术人才队伍接轨，拓宽创新型人才职业发展通道，促进南方电网创新型人才队伍发展，将创新发展纳入专家及业务尖兵选聘标准，将创新发展作为专家、业务尖兵选聘的维度或加分项，引导员工积极开展创新工作，激发创新人才积极性和创造力；结合南方电网要求，探索研究对取得重大创新成果等的，允许直接认定为技术、技能专家；培育高层次技术人才团队，以科技项目为依托，支持团队潜心开展中长期研究，试点科技创新团队矩阵式、扁平化管理模式，赋予团队负责人在人员聘用、资金管理、绩效评价、奖金分配等方面的决定权，创新团队人员聘用、经费安排、业绩评价方式，让科技人才将更多的时间和精力投入到科技创新工作中；精准支持南方电网高层次科技人才及团队，承接南方电网《关于高层次科技人才及团队精准支持实施方案》的要求，遴选南方电网高层次科技人才、后备人才、杰出技能人才等作为精准支持对象，全面分析支持对象与发展目标在资质、业绩、能力等方面的差距，采取一人一策的形式，从研究攻关、创新创效、学习提升、人才培养四个方面，统筹资源全面精准支持。

在一线人才建设方面，实行自荐制、揭榜制、挂帅制。

自荐制指南方电网员工基于部门、单位和岗位的技术需求、管理痛点、对技术发展的判断和对创新工作的热情等，通过毛遂自荐的方式，主动申请并承担南方电网创新项目。自荐制突破了南方电网项目申报和实施对项目负责人条件的限制，可使员工尽早独立承担或牵头实施南方电网创新项目，培养和托举优秀创新人才，在广大一线员工中形成"万众创新"的良好氛围，助力有想法、善钻研的人才实现价值，全面拓宽公司创新工作的广度。支持模式：

（1）经费方面，通过科技项目、职工技术创新项目等支持。

（2）组织方面，为立项实施的自荐项目负责人或团队指定一位部门主要负责人作为协调负责人，保证项目顺利实施；充分实行"放管服"，下放自荐职创项目的审批权限至实施部门（单位）；南方电网科技创新服务中心为自荐项目负责人或团队提供项目实施全过程的创新秘书服务，最大限度地减少报销、系统录入等事务性工作量。

（3）团队方面，不限制项目负责人资格条件，鼓励各类专家（管理、技术、技能）积极申报，南方电网内部以实施部门（单位）内部人员组建团队为主。

（4）工作模式方面，原则上，在现有岗位利用业余时间兼职创新。

（5）创新资源方面，可申请共享使用南方电网创新资源，涉及需使用南方电网内创新资源的由南方电网协调。

（6）评价与激励方面，发挥好奇心驱动效应，每年评选优秀自荐项目负责人或团队，建立项目负责人与领导面对面座谈机制，定期举办南方电网"创新周"活动，为优秀项目负责人搭建高层次展示平台；探索分红、股权激励等长期激励机制。

揭榜制着重攻关关键核心技术，形成南方电网特色自主创新能力。针对南方电网的重要研究课题，以及生产经营中遇到的共性问题或管理难题，南方电网通过招才引智的方式，选拔技术能力强、专业水平高的人或团队，揭榜南方电网发布的申报指南，代表南方电网参与竞争、展现实力、打造品牌。揭榜制旨在充分调动创新力量，加快推动重大科技攻关和重大成果转化，推进南方电网改革创新发展。面对南方电网着力解决的重点方向、优势领域、关键技术、新兴技术、管理难题等，采用申报指南张榜公布，向南方电网骨干员工发出"攻关令"，员工主动揭榜申请承担，经南方电网组织评审和批准立项后推进实施。"揭榜制"是培养和挖掘南方电网创新人才的主航道，有助于加深巩固南方电网创新工作的厚度。支持模式如下：

（1）经费方面，通过创新项目（包括科技项目、管理创新项目）支持。设置赛马式支持、里程碑式支持、事后支持三种支持方式。赛马式支持针对同一榜单项目，经评审后有两个负责人或团队获得立项的，采用赛马式支持，赛马式支持先给予每个负责人或团队 20%的首笔经费，按考核时间组织专家考核，通过考核的，给予第二笔支持经费（不超过 50%），未通过考核的，中止该项目负责人或团队项目实施。里程碑式支持针对同一榜单项目，经评审后仅有一个负责人或团队获得立项的，可采用里程碑式支持，里程碑式支持项目设置里程碑阶段性考核目标，根据里程碑节点完成情况拨付支持经费。事后支持针对同一榜单项目，经评审后仅有一个负责人或团队获得立项的，可采用事后支持，对自筹资金充裕的项目团队，可选择事前立项、事后支持的方式，项目验收通过后一次性拨付项目经费，项目验收不通过的，不予拨付项目资金。

（2）组织方面，南方电网分管副总作为揭榜项目的挂点联系人，保证项目顺利实施；公司科技创新服务中心为揭榜项目负责人或团队提供项目实施全过程的创新秘书服务，最大限度地减少报销、系统录入等事务性工作量。

（3）团队方面，鼓励管理人员、技术专家积极揭榜，南方电网内部由揭榜负责人招募组建攻关团队。

（4）工作模式方面，开展离岗创新和兼职创新相结合的工作模式，根据项目性质，离岗创新人员可在南方电网本部、电科院、南方电网科技开发有限公司等办公场所开展全职创新。

（5）创新资源方面，可申请共享使用南方电网创新资源，涉及需使用南方电网内创新资源的由南方电网协调解决。评价与激励方面，发挥技术驱动效应，每年评选金牌揭榜人或团队，建立项目负责人与领导面对面座谈机制，定期举办南方电网"创新周"活动，为优秀项目负责人搭建高层次展示平台；探索分红、股权激励等长期激励机制。

挂帅制着重布局重大战略问题，引领南方电网创新发展方向。挂帅制是针对南方电网原创性、基础前瞻性等关键核心技术，或重大改革创新管理问题，南方电网以挂印拜帅的方式，优中选优，通过树标杆、育尖端，遴选任命创新能力强、协调能力强、专业造诣深、视野开阔的人挂帅承担。挂帅制旨在推动解决行业共性问题、突破南方电网重大技术瓶颈、攻关高等级课题，由董事长亲自颁发委任状及聘书，打造高精尖人才，发挥高端领军人才、精英人才、顶尖人才在创新中的核心作用和光环效应，为砥柱人才肩负使命、砥砺奋进提供机制平台，大力提升南方电网创新高度。支持模式如下：

（1）经费方面，通过创新项目（包括科技项目、管理创新项目）支持。

（2）组织方面，原则上南方电网主要负责人为各挂帅项目挂点联系人，保证项目顺利实施；由科创部牵头整理维护南方电网挂帅项目需求库，充分调动业务资源，与创新资源协同融合；充分实行"放管服"，南方电网科技创新服务中心为挂帅项目负责人或团队提供项目实施全过程的创新秘书服务，最大限度地减少报销、系统录入等事务性工作量。

（3）团队方面，南方电网内部由挂帅负责人提出团队成员需求，由挂点联系人协调组建跨部门（单位）的矩阵式攻关团队。

（4）工作模式方面，开展离岗创新和兼职创新相结合的工作模式，根据项目性质，离岗创新人员可在南方电网本部、电科院、南方电网科技开发有限公司等办公场所开展全职创新。创新资源方面，可申请共享使用公司创新资源，涉及需使用南方电网内创新资源的由公司协调解决。评价与激励方面，发挥使命驱动效应，由董事长亲自颁发委任状及聘书。

第五节　各有侧重、各具特色的高水平创新团体

南方电网在长期的创新工作推进过程中，围绕尖端的科研攻关团队，形成了诸多各有侧重、各具特色的高水平创新团体，以提升创新管理发展、加快创新成果转化、激励创新人才发展为侧重点，加快高水平创新团体建设。

擘画创新蓝图，夯实管理体系。南方电网深圳供电局坚持以习近平新时代中国特色社会主义思想为指导，认真贯彻落实党中央、国务院关于科技创新的各项决策部署，坚持创新驱动发展战略，发布《深圳供电局有限公司"十四五"创新驱动发展规划》，明确了"十四五"期间科技创新、管理创新、服务和商业模式创新的方向和重点任务布局，是南方电网深圳供电局"十四五"创新工作的纲领性文件。

制订印发《深圳供电局有限公司科技体制改革三年攻坚方案》，系统部署了6大行动、22项改革任务、76项改革举措，围绕创新资源统筹机制、创新项目

管理模式、科研团队运作机制、科技人才培养评价等核心业务需求，凝练整合形成 16 项公司科技体制改革主题及 8 项改革试点，举全南方电网之力推进各项改革任务落实、落地。开展创新管理体系建设研究，借鉴国内外创新管理体系标准，公司通过理念导入与全面贯标，打造权责清晰、科学规范、运行顺畅的南方电网创新管理体系。

管理动真格，创新见真章。南方电网深圳供电局党组高度重视创新工作，公司董事长、党组书记孟振平多次强调，强化企业主体定位，促进高水平科技自立自强，要提升科技创新体系化能力，建设能源企业创新高地，打造国家战略科技力量，深入推进原创技术策源地建设。

《深圳供电局有限公司打造原创技术策源地专项行动方案（2022—2025 年）》提出，要发挥好深圳地缘优势及深圳电网新技术应用场景丰富的优势，依托南方电网新型科技创新体系，由各业务管理部门牵头，深化与南方电网"三大院"、行业龙头企业、国内外相关知名教授团队的创新合作，特别是增强与港澳地区及深圳本地科研力量的联合创新，围绕南方电网工作目标，以项目为抓手，协同推进平台建设、人才培养、成果培育、转化应用、标准订立等各项工作开展，形成了 8 大方面、24 项关键举措。其中，明确要精心培育原创技术顶尖人才团队。

（1）发挥南方电网高层次专家战略引领作用。完善专家选聘与任期考核机制，积极推动招标竞岗机制在专家人才选聘中的应用，任务前置明确专家任职责任，将参与国家重点项目申报、取得高等级成果等作为南方电网专家人才选聘、评价条件，纳入专家人才标书，"一人一册"制订领军级及以上专家跟踪培养计划；试点建设南方电网专业领域重大项目、关键任务中的专家人才贡献评价机制，着重评价提出和解决重大生产和经营问题的能力、成果的实用价值、国内外及行业的影响力等，差异化精准评估专家人才贡献，鼓励主动承担原创技术重大攻关任务；完善高层次专家稳定支持机制，在南方电网重大项目、重大工程和重大产业发展领域，选拔具有理论前沿、技术前沿和产业创新前沿开拓能力的专家人才，实行人才梯队配套、科研条件配套、管理机制配套的特殊政策，鼓励开展基础前沿自由探索。

（2）设立青年人才支持专项。根据南方电网统筹，在创新项目中设立青年人才专项，坚持在原创技术攻关中培养人才，支持青年科技人才获取科技资源。探索建立青年人才科研任务攻关配套机制，对 40 岁以下具有研究潜力的优秀青年科技人才给予优先考虑和支持，提高青年人才科技创新参与度。

（3）培养与建设高水平创新团队。优化南方电网重大科研团队管理，发挥重大项目、高等级创新平台集聚作用，强化南方电网跨部门、跨单位、跨专业合作，在车网互动、高品质供电、智能配网等重点科研领域打造柔性科研团队，集聚南方电网优势资源，协同推进重大科研方向创新工作。

（4）加强原创技术国际化人才培养推送。做好国际组织、行业组织人才的选拔推荐、培养储备、支持保障等工作。对推荐人才到国际组织、行业组织任职的个人及单位给予奖励激励。对在国际组织、行业组织中发起、主持或主要参与重大项目及关键任务的人才，给予资源保障。对在国际组织、行业组织中发挥重要作用，提升了南方电网行业及国际影响力的人才给予奖励。

接下来，南方电网深圳供电局将继续以全面深化改革推进高水平自立自强，坚持需求牵引强化关键核心技术攻关，把推动改革攻坚、强化战略科技力量建设摆在更加突出的位置，推动改革走深、走实。

第十一章 开放融合的创新生态

根据《南方电网公司"十四五"创新驱动发展规划》要求，南方电网从联合创新机制，尊重创新、崇尚创新的创新文化，创新链、产业链、供应链深度融合，产学研用协同创新生态，宽容失败的容错机制等五个角度入手，全面构建开放融合的创新生态体系。

第一节 联合创新机制

南方电网发展联合创新机制，旨在实现创新资源的高效利用，通过与行业内外各类企业构建联合创新体，优化南方电网创新生态并提高创新能力，实现双赢。

联合创新由企业、机构等组成联合体，共同开展创新活动，实现资源共享、优势互补、风险共担、利益共享的目标。优势在于联合创新能够实现资源共享，避免重复投入和浪费，提高资源利用效率；实现优势互补，成员之间发挥各自优势形成合力，能够提高创新效率和质量；实现风险共担，成员之间分摊风险，降低创新难度；实现利益共享，成员之间共享成果实现共赢。联合创新机制的建立需要有效的管理体系支撑，同时也需要一定的创新文化和政策背景加持。

以新能源汽车行业形成联合创新为例，汽车和能源产业的融合发展，是一片大有作为的广阔天地。但当前公共充电基础设施网络建设不平衡、不充分的问题仍较突出，区域间充电设施配置比例不够均衡、站桩分布不够合理，成为广大用户的痛点。新技术、新模式不断涌现，大规模、便利化、个性化的用能需求持续激增，迫切需要各方强化合作，全方位推动用能服务转型升级。同时，受市场竞争、业务布局和用户属性等因素影响，不同充电服务运营商之间容易形成"信息孤岛"。

南方电网针对行业背景和有关问题提出三大解决方案：一是共同构建普惠

均衡的用能服务体系，建议通过政府引导、市场主导、行业规范等手段，提高充电基础设施规划建设的统筹力度，共同构建布局更均衡、车桩更匹配的充电基础设施体系；二是共同推动跨行业联合创新，建议从更高层面推动构建联合创新机制，打造联合创新平台，联合打造创新高地，形成倍增效应，为汽车和能源产业创新发展增添新动能；三是共同推进平台互通、数据融通，建议进一步完善监管体系和行业数据平台建设，强化平台之间的互联互通和数据融通，最终推动车机操作系统、智能驾驶系统、数字交通系统与充电服务系统乃至新型电力系统之间实现"一键可达"，创造更加开放共享的用能生态、更加安全高效的出行体验。

目前，南方电网充分发挥平台作用，持续向能源生态系统服务商转型，推动政府机构、电动汽车企业和用户、产业链及供应链上下游企业广泛深入地联合起来，为我国新能源汽车产业高质量发展提供有力支撑。

（1）努力构建充上电、充好电的基础保障服务生态。不断完善充电服务网络，累计建成充电站 9000 座、充电桩 7.5 万支，遍布南方五省区所有县级及以上城市，乡镇覆盖点达 2754 个，到 2023 年年底将实现南方区域所有乡镇全覆盖；为 24 万支其他运营主体的车桩提供无差别系统接入服务，使普遍服务惠及众多车主和车企。全网可再生能源发电利用率达 99.8%，风电、光伏发电基本全额消纳，非化石能源电量占比保持在 50% 以上，有力支撑电动汽车广泛使用清洁电力。持续提升"获得电力"水平，不断完善配网网架建设，供电可靠率达 99.89%；加大配套供电设施投资力度、降低充电站建设成本，"十四五"期间投资将达 100 亿元以上。

（2）努力打造开放共享、价值共创的创新生态。与智能车企、动力电池企业强化合作，在车网互动（V2G）、有序充电、大功率快充、光储充一体化、动力电池梯次利用等方面大力开展技术创新研究实践，先后建成深圳智慧能源体验中心、南方电网在深圳投运粤港澳大湾区首个具备车网双向互动示范项目（见图 11-1）等车网互动（V2G）示范站、深圳公明南光储充一体化示范站、广州南大干线高速服务区 480kW 超级充电站等一批示范项目。在广州、珠海建设了公交专用充电站 166 座、充电桩 5126 支，为两市共约 1.3 万辆公交车的快速电动化提供支撑。以政企联动、共建共享的方式，规划建设柳州 10min 充电圈，建成大型综合能源站 8 座、充电桩 3000 余支，实现 79 个乡镇全覆盖，助力柳州电动化发展模式成为全国样板。

图 11-1 南方电网在深圳投运粤港澳大湾区首个具备车网双向互动示范项目

（3）努力推动形成合作共赢、和谐共生的行业生态。积极配合政府部门搭建充电设施监管平台，推动充电服务向标准化、规范化迈进。将数字电网建设的先进理念和技术应用于充电服务领域，进一步延伸服务边界、丰富商业模式，同步构建"车联网、能源网、物联网"服务平台、打造"顺易充"运营平台，切实做到开放互联、数据共享、服务便捷，目前"顺易充"已接入运营商 452 家、充电桩 55 万支，服务用户 306 万人。在海南联合上下游企业共同打造岛屿充换电服务"一张网"，搭建了全岛统一的车网、桩网、路网、电网"四网协同"平台，建成了集"风光储充换"一体的龙华示范站；在深圳与合作伙伴共同打造特大城市充换电服务"一张网"，推动综合能源补给站示范建设，构建"车—桩—平台"高度融合的产业集群、行业生态圈。

南方电网深圳供电局落实南方电网省公司要求，建立新兴业务开放合作创新模式，从多元化联合创新、引入市场化合作模式、探索园区智能微网建设运营模式、市场化运作孵化器公司、探索"多站合一"试点项目等多个方面出发，建立健全联合创新机制。

（1）开展多元化联合创新。加强与"双区"的企业、高校、科研院所等创新资源联动，共同策划、攻关重大科研项目，探索共同出资、共担风险、共享收益的联合创新模式，推进共建联合创新实验室，打造创新联合体。

（2）引入市场化合作模式。研究在充分竞争的业务领域，以混改方式引进来、走出去，推动建立现代企业制度，加强与产业链上下游企业互利合作，共同开拓新业务市场。组建运营好南方电网深圳数字电网研究院和南方电网科技开发有限公司，持续探索更多网省协同模式，结合网级公司专业优势和属地公司资源优势，开展网省联合创新。

（3）探索园区智能微网建设运营模式。推动开展小梅沙智慧能源示范工程建设，依托高效用能系统、绿色示范项目的建设，探索形成智慧、互动、开放的园区智能微网运营体系。支持新兴业务公司开发深圳市内的微电网项目，深化微电网产品的标准化、规范化，建立园区智能微网运营高质量服务能力。

（4）市场化运作孵化器公司。打造外部企业孵化和内部成果转化业务优势，内引外联推进智慧能源领域"产学研用"全链条建设。加强孵化器公司内部建设，提升孵化服务队伍专业水平；整合内外部资源，丰富孵化服务内容，充分发挥孵化器资源整合及创业支持作用。

（5）探索"多站合一"试点项目。研究电网参与多站融合的竞争力和商业前景，包括多站合一选址、可行性评估、系统配置关键策略和算法、商业模式及经济性评估、设计及容量配置等，择优选取一个变电站，开展多站合一试点建设。

此外，南方电网深圳供电局积极融入国际创新交流合作圈。具体做法包括：加强与港澳高校、科研机构的科技创新合作，依托重大科技项目与港澳高校、科研机构建立合作关系、开展人才培养；依托学术交流、技术研讨、项目评审、成果鉴定等形式与港澳高校、科研机构建立常态化交流机制，每季度与港澳高校、科研机构开展交流不少于一次；依托在深港科技创新合作区构建的联合创新体，吸引港澳、国际化高层次人才；拓展国际能源电力技术合作，加强与"一带一路"沿线国家的能源科技交流合作；进一步完善联合创新机制。深化与深圳本地优质创新资源华为技术有限公司（简称华为）、大疆创新科技有限公司（简称大疆），以及南网在深圳企业南网电动、南方电网深圳数字电网研究院（简称深圳数研院）、南网科技公司等企业的创新合作，牵头组建能源行业创新联合体，探索构建共同出资、共担风险、共享收益的联合创新模式。共同策划申报国家级、省部级重大科技项目，围绕能源产业开展联合科研攻关和成果转化，深化产学研用开放式技术创新体系。

南方电网深圳供电局加强同国内外一流高校、科研机构及网级科研单位的联动，聚焦外部单位的优势科研方向，充分结合公司示范应用场景，开展联合创新。重点凝聚以下外部联合创新资源：一是网级研究院，包括南网科研院、南网数研院、南网能源院，以及南网新型电力系统（北京）研究院；二是13家联合研究院共建高校，包括清华大学、西安交通大学、华北电力大学、华中科技大学、天津大学、浙江大学、上海交通大学、武汉大学、重庆大学、华南理工大学、湖南大学、香港理工大学、澳门大学；三是深圳本地高校、科研机构及创新企业，包括清华深研院、香港中文大学（深圳）、北京理工大学深圳汽车研究院、深圳市人工智能与机器人研究院、华为、中兴、腾讯、比亚迪、南网电动等；四是其他高水平单位，如南京南瑞继保电气有限公司等知名国企、上市公司及中科院等研究机构，北京交通大学等其他具有专业特色的一流高校。公司须在各单位的优势科研方向上进行联合策划，逐步建立固定长期的科研合作关系。

1. 联合南方电网中央研究院开展创新合作

南方电网深圳供电局联合南方电网中央研究院开展创新合作，与南方电网新型电力系统（北京）研究院聚焦新型电力系统构建理论与分析技术、电网数字化、人工智能、电力高端芯片、高压大容量集成门极换流晶闸管（integrated gate-commutated thyristor，IGCT）、用户侧多能转换与互补利用技术等方向开展创新合作；与南网科研院聚焦虚拟电厂、高压柔性直流技术、高端装备研发与制造、新型电力系统控制与保护、电网关键设备状态监测、V2G控制技术、先进计量技术等方向开展创新合作；与南网数研院聚焦电力芯片与传感器等数字电网关键装备技术、电力大数据应用与数字孪生技术、面向电网场景的人工智能技术等方向开展创新合作；与南网能源院聚焦碳跟踪、碳计量、碳核算、电碳交易衔接机制、电碳市场关键技术，工程造价、电网规划等创新支撑等方向开展创新合作。

2. 联合国内电力学科最领先的院校机构开展创新合作

南方电网深圳供电局依托南方电网联合研究院共建单位、国内知名电气学科建设高校、科研机构，开展科技创新合作。联合清华大学聚焦"双碳"目标下新型电力系统的构建与运行控制、数字电网的计量监测与高性能仿真、电网柔性化器件、装备及其控制等技术方向开展创新合作；联合西安交通大学聚焦先进电工材料与高端电力装备、新型电力系统规划与运行控制、电力设备智能化数字化、强电磁环境下电力设施电磁安全等技术方向开展创新合作；联合华北电力大学聚焦高压大容量绝缘栅双极晶体管（insulate-gate bipolar transistor，IGBT）、IGCT等功率半导体器件、面向新型电力系统的泛电力市场机制和电碳协同关键技术、高比例可再生能源的数字化新型配电系统关键技术等方向开展创新合作；联合华中科技大学聚焦电力电子化电力系统安全稳定关键技术、面向高比例可再生能源接入的大容量储能技术等方向开展创新合作；联合天津大学聚焦智能配电网、综合能源、电网安全保护与控制、电力储能技术及应用等方向开展创新合作；联合浙江大学聚焦新能源电力系统与互联技术、构网型储能技术、数智电力基础设施与智能化系统、功率半导体器件和电力专用芯片技术、电力系统网络安全等方向开展创新合作；联合上海交通大学聚焦数字化电力装备、数字孪生、新型配电网规划运行等技术方向开展创新合作；联合武汉大学聚焦新能源接入构网、电气装备智能化等技术方向开展创新合作；联合重庆大学聚焦电力装备智能化与数字化、新型电力系统安全运行与控制等技术方向开展创新合作；联合华南理工大学聚焦电网数字孪生基础理论与技术体系、全数字配用电系统智能规划与运行等技术方向开展创新合作；联合湖南大学聚焦智能配电网、数字配电网、电工基础器件、电网主动安全防御、电力电子化电力系统等技术方向开展创新合作；联合香港理工大学聚焦电力装备绿色安全管理、智慧城市绿色安全供电等技术方向开展创新合作；联合澳门大学聚焦电力物联网、城市电网灵活资源评估与互动等技术方向开展创新合作。

3. 联合深圳本地院校机构、企业和其他单位开展创新合作

南方电网深圳供电局注重联合深圳本地院校机构、企业和其他单位开展创新合作。

2022 年，南方电网深圳供电局与香港中文大学（深圳）、深圳市人工智能与机器人研究院签订战略合作协议，聚焦灵活性资源与电网互动技术、电力系统新能源技术、电力大数据应用技术、多元用户供需互动技术、电碳经济与电力市场等方向开展创新合作；联合深圳市人工智能与机器人研究院聚焦面向电网应用场景的人工智能技术、电力系统 Web3 技术集成应用等方向开展创新合作。2023 年，南方电网深圳供电局与清华大学深圳国际研究生院签订战略合作协议，聚焦储能材料与储能集成技术、储能与电网安全交互技术、智能电网感知决策与控制技术等方向开展创新合作；联合北京理工大学深圳汽车研究院聚焦储能材料本征安全，储能系统监测与数字孪生、储能传感芯片与集成技术等方向开展创新合作。同时，南方电网深圳供电局还联合中科院深圳院聚焦新能源及储能材料与集成应用、智能电网传感器件与控制技术等方向开展创新合作。

第二节　尊重创新、崇尚创新的创新文化

创新生态的建设必然需要在企业中建立尊重创新、崇尚创新的创新文化。南方电网以科技体制改革为契机，聚焦"全员创新"体系建设，主动融入创新驱动发展战略，在构建工作格局、深化平台建设、强化协同创新、完善激励举

措、深化素质提升上下功夫、求突破，探索并全面形成尊重创新、崇尚创新的全新创新文化。

企业创新型文化指在一定的社会历史条件下，企业在创新及创新管理活动中所创造和形成的，能够激发员工的创新思想和创新行为、保障创新活动实施的具有本企业特色的内在精神和外在表现形式的综合体，主要包括价值观念、行为准则和制度等。企业创新型文化一旦形成就会对员工产生影响，触发员工的创新思想，激励员工的创新行为，提高企业的创新效率，最终取得创新成果，因此创新型文化是企业员工创新的根本动力。

创新型文化能够营造企业创新动力机制赖以形成和高效运转的环境，现代企业的创新行为及其效率决定于创新的动力机制。技术创新经济学认为，现代企业的技术创新动力机制主要由诱导机制、激励机制、压力机制和驱动机制等构成，这些机制，大致可以划分为外部机制和内部机制两大类别。其中，外部机制大多受社会创新型文化的影响，如创新收益、市场需求、市场竞争等；内部机制大多受企业创新型文化的影响，如企业战略、企业制度等。因此，创新型文化是现代企业创新动力机制形成与高效运转的重要环境。

创新型文化是现代企业创新活动效率和效益的源泉。创新价值观将从事创新活动的员工的价值观统一起来，并指明了共同的努力方向，这就保证创新活动以最大的动力去实现目标；创新制度体系保证了员工创新活动良好的运行环境，从而可以实现创新资源的合理配置；创新行为规范则使员工创新活动能保持步调一致并具有特色，从而可以保证创新活动的效率。

企业能力论认为，企业的竞争优势来源于企业的核心能力，而企业核心能力指具有企业特性的、不易模仿的企业专有知识和信息。创新型文化作为企业核心竞争优势的来源之一，是难以复制的，它一旦被企业员工所接受，就会成为日常工作的一部分。创新型文化作为创新产生的源泉，从根本上解决了全体员工创新的长期激励问题。未来企业竞争的核心是企业能否建立和拥有创新型文化。创新型文化是企业的一种创新机制，是生成创新的根本。

具体的创新文化形成方案可从五个方面着手进行推进和建设。

（1）优化创新环境。将"全员创新"工作纳入创新驱动发展战略一体化推动，每年选树职工创新工匠、职工创新明星、带徒名师，并纳入英才计划，在南方电网劳模评选中优先推荐；突出创新文化建设，形成人人主动融入创新、创效的企业创新氛围。

（2）深化平台建设。各级单位成立创新工作室，通过开展技能培训、师徒结对、五小攻关（小发明、小创造、小建议、小设计、小革新）等活动，使其成为技能人才的"孵化器"。

（3）强化协同创新。探索建立以创新工作室为依托的产学研用协同创新体系，通过与高校联合打造技术创新对接转化服务平台。

（4）完善激励举措。把职工创新成果产生效益的1%～5%用来奖励创新团队或职工个人，推动企业建立技术成果管理服务体系，对职工创新成果全部建档管理，给予奖励支持；每年评选创新能手、职工技术创新成果、合理化建议"金点子"，命名一批创新工作室，均给予相应奖励。

（5）深化素质提升。推动建立完善职工培训制度。

南方电网持续加强南方电网职工创新工作力度。优化体制机制，加强制度顶层设计，制定出台《南方电网职工创新工作管理细则》，强化服务支撑，为基层员工提供专家指导、知识产权保护等创新服务；建强平台载体，夯实职工创新工作基础，深化职工创新工作室建设，加快形成以全国示范性工作室为引领、南方电网及省级示范性工作室为主体、地市级工作室蓬勃发展的工作体系，融合应用"南网双创""南网商城""南网 e 家"等线上平台，不断升级职工创新网络；加强统筹管理，提升职工创新成果质量，开展职工创新项目分类管理，突出共性难题，加强重点攻关，优化创新成果评选方式；大力推广应用创新成果，加快职工创新成果产业化，推动成果迭代完善，引导积极开展孵化、转化，组织成果转化交易；提升职工素质，助力一线职工成长、成才，加强创新培训，广泛开展创新知识培训、创新方法竞赛、创新工作室"师带徒"等活动，选树典型标杆，打造南方电网职工创新梯队；强化长效鼓励激励，加大宣传引导，激发职工创新热情。

2020 年，南方电网深圳供电局实施创新领域"建三制促四才"试点方案，"对切口小、见效快或者一些'探路'性质的改革，如人才离岗创业机制、'项目悬赏''揭榜挂帅'机制、股权激励、超额利润分享等，要根据实际分类推进"，公司在创新领域试点"建三制促四才"机制，充分发挥创新"集群动力"，构建公司创新金字塔，打造公司发展、技术崛起、人才涌现的创新生态体系，通过在公司四类创新（科技创新、管理创新、服务创新、商业模式创新）领域实行自荐制、揭榜制、挂帅制，着力解决四类创新领域生产经营实际问题、关键核心问题、重大问题，促进公司选才、用才、育才、留才全生命周期管理机制建立，推动公司更大范围、更多层次地进行创新创效。促进选才精准化，让优秀人才冒出来，促进人才发挥潜能，让人才跑起来，在实践中历练人才，促进人才快速成长，留才举措更加丰富，让贡献者有所得。通过试点实行"三制并行"创新模式，定制"三制"支持模式，支持公司四类创新协同开展，取得了预期成效。

第三节　创新链、产业链、供应链深度融合

党的二十大报告提出，着力提升产业链、供应链韧性和安全水平。南方电网结合企业特点，在创新生态建设中提出加强创新链、产业链、供应链的深度融合。

在影响产业链、供应链韧性的诸多因素中，创新的作用至关重要。当前及未来一段时期，以创新加快提升我国产业链、供应链韧性，必须坚持龙头带动、产业链上下游联动，坚持以应用带创新、以创新促应用，着力攻克"卡脖子"技术和产品；不断加强企业主导的产学研深度融合，提高科技成果转化和产业化水平，把创新链建在产业链上，促使创新链、产业链、供应链深度融合。

南方电网深圳供电局充分发挥产业链、供应链在稳定宏观经济大盘中的重要作用，以数字化激发产业链、供应链发展新动能，积极构建产业链、供应链生态圈，推动能源电力产业链、供应链绿色发展、可持续发展。

南方电网深圳供电局创新体制机制，积极融入粤港澳大湾区国际科技创新中心建设，率先在能源领域发布两个面向港澳揭榜项目，探索粤港澳三地科技创新合作的长效机制，立足河套深港科技创新合作区，打造网级创业孵化平台、成果转化服务平台、科技投融资平台，促进产业链、创新链、金融链深度融合。

除此之外，南方电网深圳供电局供应链服务中心科技项目——基于大数据分析的物资采购策略分析模型架构研究及应用，在 2021 年全国电力行业物资管理创新成果项目荣获一等奖。该项目是系统性研究电力物资采购策略模型搭建、应用和优化的供应链数字化创新成果。

该项目由南方电网深圳供电局供应链服务中心于 2020 年立项实施，旨在支撑供应链采购领域数字化转型，为南方电网提供试点经验。其间，项目组成员通过对南方电网深圳供电局近 5 年来的海量采购数据进行分析和挖掘，精准定位"卡滞"节点，从质量、效率及经济性三方面形成了大数据物资采购策略分析模型及管控机制，为精准量化评估物资采购效能、形成优化策略提供理论支撑和评价工具。

该项目成果在物资采购中应用并取得实效。其中，质量方面，相关动态评

价模型通过评估供应商技术、经济、商务综合表现，形成采购"质量环"管理机制；效率方面，相关策略模型通过改进作业流程，智能预估采购周期，重点工程物资采购时长平均减少约 5 天，平均采购效率提升超过 10%；在经济性方面，模型测算形成性价比最高的评标参数组合方案并为采购策略制定提供有力支撑。

未来，南方电网深圳供电局将积极发挥产业链"链长"带动作用，有序推动供应链上下游企业发展。南方电网深圳供电局供应链服务中心将进一步推动更多项目成果在工程、服务采购中落地应用，并继续在结构化评标、投标风险智能防范技术和机制等方面开展深入研究，持续推动采购工作质量提升。

第四节 产学研用协同创新生态

产学研用作为一种合作系统工程，即生产、学习、科学研究、实践运用的系统合作。习近平总书记在党的二十大报告中强调，中国坚持对外开放的基本国策，坚定奉行互利共赢的开放战略，加强企业主导的产学研深度融合，推进教育数字化。公司在推动建设产学研用的协同创新生态方面开展了多方面的建设实施。

建立联合攻关机制，在直流与电力电子器件、新型电工材料和绿色电力装备等优势研究领域牵头组建创新联合体。公司积极参与 5G、CPU+操作系统等关键核心技术领域的研发工作。通过战略合作，公司联合国家高端智库、上下游企业、高校、科研院所等优势智库、科研力量协同攻关，开展前瞻性政策研究，抢占科技制高点。探索校企联建实施路径与管理方法，联合国内电力系统知名高校的优势研发力量，聚焦前瞻性、关键性技术的研发，共同探索构建科技攻关、资源共享、人才聚集、成果培育的合作平台。联合国家自然科学基金委设立"中国南方电网有限责任公司联合基金"，广东省科学技术厅、中国南方电网有限责任公司、中国长江三峡集团有限公司、广东省能源集团有限公司、明阳智慧能源集团股份公司、广东省基础与应用基础研究基金委员会共同设立海上风电联合基金，设立南方电网"数字电网"开放基金和"创孵天使"基金，构建南方电网基础研究朋友圈，协同产学研优势科研力量加快解决新型电力系统领域的基础性、前瞻性问题。

推动南方电网产学研用协同创新生态建设，应充分利用学校与企业、科研单位等多种不同教学环境和教学资源，以及在人才培养方面的各自优势，把以课堂传授知识为主的学校教育与直接获取实际经验、实践能力为主的生产、科研实践有机结合的教育形式。产学研用创新进一步强调了应用和用户，突出了产学研结合必须以企业为主体，以市场为导向。"用"主要指应用和用户。"用"是技术创新的出发点和落脚点。用户直接参与产学研合作，不仅能够减少技术创新的盲目性，缩短新产品从研究开发到进入市场的周期，而且能够有效降低技术创新的风险和成本。产学研结合的本质，是促进科技、教育与经济的结合。中国产学研结合走过的道路表明，要使产学研结合真正取得成效，使科技成果更好地转化为现实生产力，必须进一步加强产学研用紧密结合。

为了大力推进产学研用协同创新，必须努力实现体制机制、合作模式、创新人才培养三大突破。建立产学研相结合的技术创新体系，是提高自主创新能力的必由之路。当前，南方电网科技创新改革面临缺乏核心技术和创新人才不足两大困境，关键问题是没有形成产学研用的合作创新体系。

多年来，大学和科研机构大批的研究成果难以转移到企业，究其原因，严重制约产学研用合作的最大障碍是体制机制，包括宏观管理体制、组织协调机制、利益分配机制等。其中深层次的、根本的原因是理念和价值观。因此，要把科学发现、技术发明从大学和科研机构的实验室里解放出来，把科研人员的内在驱动力激发出来，需要在体制机制上实现大的突破，具体而言，包括以下几个方面。

（1）进一步解放思想，解放科技人才，在体制机制改革中坚持"企业为主体，市场为导向，产学研用相结合"的价值理念。

产学研用合作的关键在于突破产、学、研、用各自为政的壁垒，立足于社会发展和国家利益，将隶属于各个不同管理体系的科技人才和资源进行有机结合，从而实现科研产出的最大效应。因此，推动和促进产学研用结合，就必须进一步解放思想，解放科技人才，改变"先有成果，再找企业"的思维模式，进一步明确应用科研要以市场为导向，紧盯需求，形成以企业为主体的产学研用的机制，实现产学研用的"无缝链接"，在与企业紧密合作的基础上推动科研创新和人才培养。

（2）设立产学研用合作专项引导资金。强化财政投入的引导和保障机制，积极探索科技与金融结合的新路子，依靠以政府投入为引导、企业投入为主体、社会投入为补充的多元化产学研用结合投入体系，不断加大科技投入的力度。

（3）完善产学研用结合的评价激励机制。在加快科技创新改革的同时，进一步完善科研成果评价与考核体系。积极落实国家有关科技成果转化的政策，激励高校和科研机构科技人员参与南方电网产学研用系统创新。

在当前推进"碳达峰、碳中和"的发展大环境下，能源是主战场，电力是主力军。构建新型电力系统是落实"双碳"目标的重要抓手。随着能源转型发展进程的不断加快，安全保供要求持续提高，电力系统规划、建设、运行、服务所面对的主体和特性正发生深刻变化，电力系统的技术基础、运行机理和功能形态正发生深刻变化，传统电工理论与技术面临很多瓶颈和挑战，只有创新才有出路。汇聚各方优势，紧盯本质问题，开展联合攻关，打造技术创新共同体是必由之路。

（4）成立新型电力系统技术创新联盟，通过产学研用各类创新主体联合攻关，可以从内部、外部多方面有力支撑电力系统和能源电力行业高质量发展。一方面，可以从不同环节和领域，有效应对新型电力系统构建过程中的技术难题，履行好电力安全保供这个首要责任，服务好能源清洁低碳转型这个战略任务；另一方面，可以通过产业链上下游的通力合作、分工部署，贯通技术研发、标准互认、成果转化、装备制造的创新链条，带动我国电工装备持续升级，打造具有世界先进水平的现代产业集群。

（5）构建新型电力系统，必须统筹低碳、安全、经济三大目标，统筹发展和安全，统筹保供和转型，坚守系统观念、底线思维，坚持先立后破、不立不破，各方发力、多措并举，通过创新驱动、系统推进、市场导向、政策保障，高质量满足经济社会发展用能需求。

当前，南方电网围绕新型电力系统顶层设计，在战略规划、政策机制、形态演进、供需分析、市场构建、业态模式创新等方面开展前瞻性、战略性深化研究，为现代能源体系形成基础理论，为能源电力行业高质量发展提供基础支撑和价值贡献。

以南方电网深圳供电局为例，南方电网深圳供电局在产学研用协同创新方面也做了新的尝试。

1）南方电网深圳供电局将产学研融合，积极承担重大科研任务，打造公司科技创新 10 大品牌，围绕高品质供电、数字电网、关键电工材料、供需互动技术、储能技术、稳定运行控制技术、直流配用电、网络安全、人工智能、电力市场等 10 大重点研发布局，形成公司科技创新 10 大品牌，打好关键核心技术攻坚战。

2）进一步完善联合创新机制。南方电网深圳供电局深化与深圳本地优质创新资源华为、大疆，以及南网在深圳企业南网电动、南网数研院、南网科技公司等企业的创新合作，牵头组建能源行业创新联合体，探索构建共同出资、共担风险、共享收益的联合创新模式；共同策划申报国家级、省部级重大科技项目，围绕能源产业开展联合科研攻关和成果转化，深化产学研用开放式技术创新体系。

3）策划申报一批重大科技项目。南方电网深圳供电局紧盯国家有关部委发布的科技项目指南，积极策划申报国家级科技项目；加强国际间合作，积极关注政府间合作专项申报；积极申报省部级和南方电网重点科技项目，在全网范围内打造公司特有的科研专业品牌；充分发挥深圳地缘优势，借助本地创新资源，积极申报深圳市重点科技项目；实现"十四五"承担项目数量同比"十三五"翻一番。

4）支撑解决一批生产经营业务重大问题。南方电网深圳供电局聚焦电网规划、电网运行、输电、变电、配电、用电、建设与物资、信息与通信 8 个主营业务领域，以问题为导向，解决一批生产经营重大问题，提出应用型研究技术，不断提升用电服务水平，支撑深圳电网安全、稳定、高效运行。

5）培育一批重大科研成果。南方电网深圳供电局围绕高品质供电、数字电网、关键电工材料、供需互动技术、储能技术、稳定运行控制技术、直流配用电、网络安全、人工智能、电力市场 10 大重点研发布局，公司策划冲击南方电网级、行业级、省部级及国家级等高水平奖励。"十四五"期间，公司每年获南方电网及以上奖励不少于 30 项。

6）打造一批高水平科技创新示范工程。南方电网深圳供电局打造数字电网重大创新工程，将福田区打造为新一代数字电网示范区，适时扩展将 7 个高品质供电引领示范区打造为新一代数字电网示范区。2021 年，完成超导示范工程建设，打造超导精品示范工程，促进催生超导新产业；2021 年，完成电力安全芯片示范工程，打造电力安全芯片等示范工程；2021 年，完成梯次利用动力电池等国家重点项目验收，打造储能等示范工程；2022 年，完成高压电缆料年度研发任务，推动关键核心技术实现国产化，解决"卡脖子"问题；2024 年，完成供需互动（电动汽车 V2G）重大示范工程建设，推动占领电动汽车市场。

7）集聚要素，建设高水平创新主体，优化公司实验室体系。南方电网深圳供申局落实南方电网"各分子公司保留不超过 3 个分子公司级实验室和科创类中心"的要求，修订公司实验室管理实施细则，完善南方电网级实验室的认定授牌及评价退出机制，通过统筹整合，在自身优势领域集中力量做精、做强公司实验室。聚焦城市高品质供电技术领域培育建设国家级实验室。研究制定对标行动计划，明确提出建设目标、时间表、路线图，建立"开放、流动、联合、竞争"的联合实验室运行机制，赋予实验室项目申报自主权、跨单位借用人员建议权、跨单位科研装备及场地使用权、技术路线选择权、实验室成员考核权，促进创新要素集聚，实现共建单位间资源共享。积极参与南方电网重大科研团队工作。组织员工积极报名参与南方电网交直流串并联复杂大电网规划与运行科研团队、高压直流输电科研团队、智能输变电科研团队、智能配用电科研团队、数字电网与人工智能科研团队、储能与可再生能源科研团队、电力市场运营科研团队、防灾减灾与安全科研团队、管理创新科研团队的团队工作，加强线上、线下内外部交流。履行南方电网智能配用电科研团队依托单位的职责。

8）以平台为依托组建公司重大科研团队。南方电网深圳供电局围绕高品质供电、数字电网、关键电工材料、供需互动技术、储能技术、稳定运行控制技术、直流配用电、网络安全、人工智能、电力市场 10 大方向，公司以项目、实验室等平台为依托，打造具有深圳特色的关键技术领域科研团队，整体策划并全面推进相关研究方向的科技创新工作。明确团队运作机制，给予团队在公司重大项目策划、项目入库评审、奖励评审等方面的表决权，统筹协调科技资源，同时对团队年度重点工作完成情况进行评价考核。充分发挥专家委员会"智囊团"作用。完善专家委员会工作机制，充分发挥专家委员会"智囊团"与"参谋部"作用。针对国际、国内、广东省、深圳市社会经济发展形势和宏观政策变化，研究对公司发展改革潜在的影响，为公司创新工作提出前瞻性、导向性的参考意见，进一步做实公司"人才工作站"，充分发挥"人才工作站"作用。依托重大项目引进院士专家及高校团队进站开展联合攻关，院士工作站每年承接南方电网及以上重大科技项目不少于 1 项，构建产学研用深度稳定的合作关系；研究生工作站每年引进不少于 1 名高校优质人才进站工作；配合南方电网做好博士后工作站相关工作，做好深圳市博士后创新实践基地运维工作，加强人才梯队建设。

1.应用案例 1:粤港澳电力科技创新合作发展论坛

2022 年 11 月 11 日，2022 年粤港澳电力科技创新合作发展论坛（以下简称论坛）在深圳举办。论坛以"汇聚湾区创新力量，共建新型电力系统"为主题，邀请政府领导、院士专家、企业精英、青年学者共同参与，为推动粤港澳大湾区能源科技创新交流及合作、加快构建新型电力系统贡献智慧。深圳市委常委、市政府党组成员郑红波出席活动并致辞，对南方电网在服务经济社会发展中做出的贡献、科技创新工作取得的成绩，以及推动粤港澳电力联合创新所做的努力给予高度肯定。

党的二十大报告提出："积极稳妥推进碳达峰碳中和、深入推进能源革命、加快规划建设新型能源体系"。当前，粤港澳特大型城市电网电力负荷密度大，如何提高电网消纳新能源的能力，实现新型电力系统安全稳定运行，已成为粤港澳大湾区中心城市的共同难题。本次论坛正是粤港澳三地加强电力科技合作、共建新型电力系统、扎实推进"双碳"工作的具体实践。论坛期间，香港中文大学（深圳）副校长朱世平院士、南方科技大学工学院院长徐政和院士，以及来自清华大学深圳国际研究生院、哈尔滨工业大学（深圳）、香港大学、香港理工大学、澳门大学、香港中华电力、深圳市人工智能与机器人研究院的专家学者，围绕数字电网、新型储能、电碳耦合、新能源开发等领域进行了学术交流。在线观看人数超 11 万人次。论坛现场还举行了南方电网与香港中文大学（深圳）、深圳市人工智能与机器人研究院战略合作协议签署仪式，三方将进一步加强科技人才联合培养，创新平台合作，共同推动关键技术攻关。

南方电网党组深入实施创新驱动发展战略，努力实现高水平科技自立自强，助力粤港澳大湾区建设具有全球影响力的国际科技创新中心。2022 年 8 月，南方电网与深圳市政府签署《"十四五"全面深化战略合作框架协议》，明确提出："开展与港澳地区知名高校、研究机构、企业之间的人才交流，高标准共建联合创新体，共同创建能源产业创新典范。"公司充分利用毗邻香港的区位和政策优势，积极推进粤港澳电力科技创新交流合作，积聚力量进行原创性引领性科技攻关。成功打造了深圳电力科技创新示范基地，在河套深港科技创新合作区成立深港科技创新有限公司，进一步推动粤港澳创新链与产业链深度融合发展。

特别是在 2022 年 4 月，南方电网首次面向港澳地区发布 2 个科技攻关揭榜项目，推动解决粤港澳大湾区新型电力系统发展过程中的关键共性问题，打造粤港澳创新合作的范例。本次论坛期间，南方电网与香港理工大学、澳门大学签订了这 2 个项目的合作协议，后续将持续推进联合攻关，培育形成可推广复制技术成果，助力特大城市电网新型电力系统广泛高效互动及安全稳定运行。

下一步，南方电网将继续与港澳地区高校、科研机构，在联合创新、人才培养、平台共建、成果转化等方面开展深度合作，加快构建绿色高效、柔性开放、数字赋能的新型电力系统，融入和服务粤港澳大湾区国际科技创新中心建设，为深圳经济社会发展提供高质量的电力保障。

2. 应用案例 2：2023 国际数字能源展

2023 年 6 月 29 日，由南方电网主办，南方电网深圳供电局承办的 2023 国际数字能源展在深圳开幕。展会主题为"数字驱动、能创未来",展期为4天,由国家能源局、深圳市人民政府、中国电力企业联合会指导,广东省能源局、深圳市发展和改革委员会组织,南方电网主办。展会通过"5＋1＋1"专业展览、"1＋4"专题论坛和3场主题活动相结合的形式开展相关活动,并发布99项能源数字化成果。此次展会旨在聚焦全球数字能源领域前沿技术和实践,打造全球数字能源领域一流展会品牌,加强数字能源生态各相关方的交流合作,聚合优势资源,构建数字能源生态体系,推动新兴产业发展,引领全球数字能源产业链提质升级。共有407家国际数字能源龙头企业参加此次展会,近2000名中外能源行业专家、电力企业代表及互联网企业精英参加专题论坛。

南方电网董事长、党组书记孟振平在展会开幕式致辞时表示,南方电网将携手各方共同构建开放共享、互利共赢的数字能源生态,做强做优数字电网技术装备产业集群,不断增强产业链韧性和竞争力,带动数字能源产业基础高级化、产业链现代化,推动能源电力高质量发展,为强国建设、民族复兴做出新的更大贡献。

(1)"高精尖"产品争先亮相:引领数字能源产业发展方向。展会期间,参展企业聚焦数字能源供给侧和需求侧,围绕新型电力系统、新能源、数字化赋能、国际数字能源、绿色金融等内容,充分展示了能源领域数字化新技术、新产品、新模式、新业态。

"伏羲"是首款采用国产指令集、国产内核的电力专用芯片,"极目"传感器在电压/电流非侵入式测量、高性能传感芯片、可靠自取能和无线通信方面实现重大发明创造……作为能源行业的骨干央企,南方电网不仅在展会上展出了一系列硬核科技实物,还通过声像形式向大众展示了"夸父"系统、南网智瞰、南网在线等数字化产品。南方电网党组成员、副总经理贺晓柏表示,南方电网将充分发挥电网企业经济社会绿色低碳转型核心枢纽作用,携手各方以"两化协同"促进"两型建设",推动能源电力高质量发展,共塑共建能源产业生态。

"在清洁发电、绿色ICT能源基础设施、交通电动化等方面,我们这次展出的都是这些领域的最新技术和应用实践,可为全球客户提供全场景低碳产品和解决方案。"华为数字能源技术有限公司总裁侯金龙表示,"能源产业进入数字能源新时代,华为数字能源致力于融合数字技术和电力电子技术,打造新型电力系统能源基础设施、新型数字产业能源基础设施、新型电动出行能源基础设施,助力碳中和目标的早日实现。"

腾讯云副总裁、能源和资源行业负责人石梅表示,腾讯云推出了能源连接器（Tencent Ener Link）、能源数字孪生（Tencent Ener Twin）等产品，以"连接"帮助企业快速构建多样性的能源数字化场景，以"智能"帮助企业提升能源各环节智能化水平，快速实现远程高逼真、沉浸式的能源管控。腾讯云还打造了生态聚合平台——能碳工场，聚焦新能源基建、新能源场站、综合能源服务、储能等重要场景，携手广大伙伴共创可复制的解决方案。

欣旺达能源科技有限公司在展会上展示了储能集成产品、动力闪充及低温电池、零碳两轮出行电池等产品及解决方案。"在电力储能方面，我们的 20 尺标箱装机量可达 5kWh；在工商业领域，我们有通过全球认证的 60kWh 风冷及 344kWh 液冷户外柜产品……"该公司总裁李章溢介绍说。该公司在户用储能领域、网络能源领域也处于行业领先，希望能通过他们的产品与全球合作伙伴携手前行，共同推动储能产业高质量发展。

（2）聚焦新型储能：助力深圳打造全球新能源高地。本次展会上，虚拟电厂管理平台 2.0 作为展会的重磅数字化成果之一发布：时下正值迎峰度夏关键时期，深圳虚拟电厂突破"5G＋调频"技术难点后，迎来虚拟电厂管理平台 2.0 发布，将更有助于提升深圳的电力保障能力和新能源消纳能力。

近年来，为服务深圳经济社会高质量发展，助力深圳加快打造更具全球影响力的经济中心城市和现代化国际大都市，南方电网深圳供电局加快企业数字化转型，深度融入服务深圳"数字政府"建设，不仅实现了大于 5000km 输电线路、约 7000 座杆塔、7 个输电地下隧道三维数字化通道全覆盖，构建可观、可感、可测的数字孪生输电网，还打造了全球首个 5G 智能变电站——500kV 鹏城变电站，建成全国自动化程度最高的自愈型智能配电网，有力支撑城市电网安全运行和电力可靠供应。与此同时，还上线了国内首个"电力充储放一张网"，这也是我国首个聚合了充电设施、新型储能、分布式能源等各类电力充储放资源的平台，能够有效提升能源安全保障能力。

作为国内最早发展新能源产业的城市之一，深圳拥有较好的电化学储能材料与技术研发和产业化基础，依托领域龙头企业形成了关键材料制备、电芯工艺研发、系统集成应用产业集群，在设计和应用领域全球名列前茅，目前深圳全市从事储能相关经营业务的储能企业有近 7000 家。

为助力深圳新型储能产业发展，此次展会专门设置了以储能为主的新能源展览板块，聚集了南方电网、华为数字能源技术有限公司、比亚迪股份有限公司、深圳欣旺达电子有限公司、深圳市科陆电子科技股份有限公司、中能建控股集团公司、港华智慧能源有限公司（简称港华智慧能源）等一批储能领域龙头企业，基本涵盖深圳主要储能企业与国内大部分龙头储能企业，全面展示储能行业前沿技术、产品、解决方案等。同时，本次展会上还将举办电化学储能产业发展专题论坛，成立粤港澳大湾区（深圳）电化学储能产业联盟，设立储能产业基金，并通过人才交流会、投融资论坛，拓宽储能企业投融资渠道，推动储能企业创新技术成果化、产业化和应用示范。

"展会期间，这一系列培育新型储能产业良好生态体系的举措，不仅能促进深圳储能产业发展，也能为全国储能产业的高质量发展提供有益借鉴。"深圳市发展和改革委员会副主任、二级巡视员余璟说。

（3）聚智聚力谋良策：共绘数字能源产业新愿景。能源是经济社会发展的基础支撑，能源产业与数字技术融合发展是新时代推动我国能源产业基础高级化、产业链现代化的重要引擎，是落实"四个革命、一个合作（推动能源消费革命、能源供给革命、能源技术革命、能源体制革命、全方位加强国际合作）"能源安全新战略和建设新型能源体系的有效措施。

展会期间，来自政府部门、行业协会、能源产业链上下游企业的专家、代表围绕新型电力系统、新能源、储能行业发展、数字能源投融资等议题，为全球能源产业链提质升级出谋划策。

中兴通讯电力行业总工陈永波表示，中兴通讯一直致力于将先进的信息通信技术与能源电力系统融合，赋能能源数字化的高速发展。他表示，将进一步优化技术，推动 AR 智能巡检、无人智能巡检等创新应用的深化运用，以电力巡检作业智慧化助力作业效率提升。

"我们的解决方案可为电气系统搭建覆盖全生命周期的虚拟模型，提供全面分析以提高系统生产力、协作能力和效率的 ETAP 一体化数字孪生平台。"施耐德电气有限公司全球副总裁马里奥（Mario Haim）透露，施耐德电气有限公司此次带来的面向"未来电网"的覆盖项目全生命周期的创新解决方案，可全面助力新型电力系统与新型能源系统建设，他希望携手中国伙伴共赴绿色柔性、数字智能的"未来电网"。

据港华智慧能源高级副总裁张晶介绍，港华智慧能源在全国构建的多个零碳智慧园区、低碳工厂的案例和解决方案，在减少二氧化碳排放的同时，能够为源网荷储的协同发展、协同应用助力。港华智慧能源一直聚焦在用户侧，通过综能化、数智化、去碳化三大战略为工业园区为和工业客户解决二氧化碳排放及能耗较高的问题。

在日立能源（中国）有限公司（简称日立能源）中国区副总裁、智能电网与电力咨询业务负责人谢海莲看来，日立能源先进的数字化解决方案，可以有效帮助提升电力系统的灵活性、可靠性、韧性和效率，是构建新型电力系统和未来能源系统的重要技术手段。日立能源在本次展会共享多项创新成果，并继续加深与客户和合作伙伴的紧密合作，携手为中国实现"双碳"目标及高质量发展做出贡献。

据维谛技术有限公司（Vertiv）大中华区市场营销及产品应用副总裁田军介绍，该公司在储能、风能、数据中心可信超低 PUE、边缘计算创新和电力通信网络可靠保障等方面的实力，可为"绿色、可靠、智能"的能源系统提供支撑，他希望能帮助行业客户进行数字化升级、绿色低碳化转型，从而为数字能源行业的蓬勃发展助力。

3. 应用案例 3：国内首份《规模化车网互动应用与发展白皮书》

2023 年 3 月 2 日，全国首份《车网互动规模化应用与发展白皮书》（简称《白皮书》）在深圳发布，首次提出车网互动规模化发展道路，为破解大规模新能源接入电网、新能源汽车爆发式增长带来的能源安全难题提供了解题思路，也为政府培育车网互动产业发展、电动汽车资源聚合商拓宽业务渠道、电动汽车车主优质高效经济的充电体验指引了方向。

随着新能源汽车爆发式增长，新能源汽车无序充电行为将冲击大型城市电网安全可靠供电。国家发展改革委等部门印发《关于进一步提升电动汽车充电基础设施服务保障能力的实施意见》，鼓励推广智能有序充电，加快车网互动技术创新、试验测试与标准化体系建设。车网互动是指电动汽车通过充电桩与电网进行能量和信息的互动，按能量流向分为有序充电和双向充放电，是消纳新能源、支持充电行业转型升级的重要手段。

南方电网高度重视，将规模化车网互动的研究与应用列为"灯塔项目"，将车网互动作为构建新型电力系统的重要场景和关键举措，由南方电网深圳供电局牵头实施，探索研究多方主体参与、互利共赢的车网互动生态，推动能源发展方式的深度转变。

（1）从实践中探索出新型电力系统下电力供需深度互动的可持续发展路径。

目前，深圳新能源汽车总量达 76.6 万辆、居世界前列，是南方区域新能源汽车密度和充电设施密度最高的城市。在电动汽车充电高峰时段，深圳全市充电负荷超过 $1.2×10^6$ kW，相当于即时消耗广东一个最大火电机组发电容量。预计到 2025 年，深圳新能源汽车保有量将达到 100 万辆，充电峰值功率将超过 $1.6×10^6$ kW。

南方电网积极组织参加广东、深圳等地需求响应互动，并积极完善资源聚合平台和多场景商业模式。目前，公司建成具备百万千瓦调节能力的网地一体虚拟电厂管理平台，可调节电动汽车充电站点超 120 座，调节能力超过 7.1×10^4kW，联合南网电动参与车网互动 35 次，累计响应调节量达 3.12×10^5kW，为新型电力系统下电力供需深度互动探索了新的可持续发展路径。预计到 2030 年，车网互动可调节能力将超过 1×10^6kW。

2021 年，深圳中调应用虚拟电厂管理平台参与迎峰度夏电力保供工作，成功实现对电动汽车充电站的远程精准直控。在互动实施过程中，深圳中调向南网电动提前下达了削峰邀约指令，南网电动通过"顺易充"App 投放了"V2G 充电""有序充电"两款产品供车主自由选择参与车网互动的方式。选择了"有序充电"的电动汽车参与了有序充电，每度电可节省充电费用 0.6 元；而选择了"V2G 充电"的电动汽车参与了反向放电后，每度电可获得 2 元补偿。

参与响应的数字电网体验中心车网互动示范站，1h 内削减了电量 100kWh，有效验证了利用经济调节这个"无形的手"来实现充电负荷削峰填谷的可行性和效果，实现了在电网负荷高峰时段电动汽车与电网互动的迅速调节，保障了电网安全的同时，也确保了电动汽车车主用电。

（2）汇聚产、学、研、用各界智慧形成车网互动规模化应用与发展白皮书。

"车网互动要实现大规模应用，关键在于通过市场调节改变电动汽车充放电行为，从无序充电到有序充电，从而实现大规模资源的有效组织和互动，让各方参与主体的核心诉求得以实现，继而实现车网互动产业的可持续创新、价值创造和传导。"电力科学研究院直流配电研究所所长赵宇明博士表示。

据悉，目前公司在解决充换电设备及系统、边缘装置、聚合策略、电池安全和信息安全等 5 大关键技术问题方面取得系统性成果。基于此，公司与中电联电动交通与储能分会、中国建筑节能协会、南网科研院、深圳国家高技术产业创新中心、北京理工大学深圳汽车研究院、北京交通大学、南方科技大学、上海交通大学、香港中文大学（深圳）、南网电动、华为数字能源技术有限公司、特来电新能源股份有限公司、武汉蔚来能源有限公司、中汽数据有限公司等 20 家产学研用单位共同编制白皮书，凝聚起行业共识。

《白皮书》共分为五大部分，系统阐述了规模化车网互动的需求与动力、参与主体的差异诉求、供需关系与盈利模式、规模化车网互动的主要瓶颈及规模化车网互动的协同发展。

《白皮书》提出，电网公司是车网互动的引导者，要提出需求、主导市场、考核资源质量；充电站、充换电企业等聚合商平台是技术主导者，应在安全范围内开展优质资源识别、聚合和管理，形成市场规则；电动汽车用户是资源提供者，通过有序充电参与市场，满足充电需求的同时，更高效、更经济；整车企业是间接受益者，打通了充电难和交通绿色化的难题，提升国家和用户对于新能源汽车的扶持和消费意愿，提升新能源汽车的消费水平。

《白皮书》呼吁各方关注车网互动，凝聚起行业共识，共同构建规模化车网互动业态，有力推动我国新能源产业、新能源汽车产业的进一步发展，落实我国"四个革命、一个合作"能源安全新战略，建设新型能源体系，助力我国早日实现"双碳"目标。

中国工程院院士孙逢春在会上发布了主旨演讲，他表示，交通能源多样化和绿色化、能源交通融合是我国"双碳"目标的重要组成部分，预计 2030 年，新增新能源、清洁能源动力的交通工具占比在 40%左右，车网互动在促进新能源消纳、支撑清洁高效供电等方面有着广阔的发展前景。

中国工程院院士王成山等业界专家出席了发布会。王成山院士表示，车网互动对促进电网供需平衡、实现分布式能源低成本并网等方面意义重大。未来需要加强顶层设计及标准制定，进一步引导电动汽车聚合商参与电力现货、电力辅助服务等市场化交易，实现车网互动规模化应用。

第五节　宽容失败的容错机制

加快构建科技创新容错及信用评价机制，对于破除科技创新实践中的体制机制障碍，最大限度地解放和激发科技创新的巨大潜能，营造勇于创新、宽容失败的创新氛围，防范和控制科技创新风险等有着重要现实意义。南方电网从容错机制构建的必要性、内涵与存在问题和构建路径出发，推导南方电网构建科技创新容错机制的思路、适用情形及机制举措。

（1）建立科技创新容错机制的必要性。科技创新是企业发展的不竭动力，也是企业提升生存质量的重要源泉。但是，企业创新之路并非一帆风顺，不仅需要创新人员迎难而上、勇毅前行，更需要企业为创新人员提供一个良好的工作环境，让创新者无后顾之忧，大胆地去试，大胆地去创，不断实现新的突破。

企业建立科技创新容错机制，就是要为科技创新课题提供资金支持。在做好推进重大科技创新课题项目的同时，积极培育职工创新工作室，鼓励单位和员工开展自主创新，制定职工创新奖励办法，激发基层员工开展创新活动的积极性和主动性，增强创新者的荣誉感和自豪感。

企业建立科技创新容错机制，就是要消除员工创新的后顾之忧。通过建立科技创新容错、纠错机制，制定完善的科技创新容错正面清单和负面清单，以及容错机制的运行规程，以便判定哪些错该容，哪些错不该容。要容许创新者创新失败，对创新项目即便没有取得预期效果，也应该针对实际情况认真分析失败原因，找出存在的问题和新的突破点，以消除创新人员的后顾之忧，鼓励创新者优化创新方案，并给予再次尝试的机会，从而让员工勇于试错、勇于创新，全身心地投入创新工作。

企业建立科技创新容错机制，就是要给予创新人员和创新团队更多的技术支持。企业相关职能管理部门要关注创新项目，及时为员工创新提供技术支持，解决员工在技术创新过程中遇到的难题。要加强技术调研，通过"走出去、请进来"的办法，举办技术论坛、专题讲座、交流研讨等，提升创新人员和创新团队的技术力量，拓展创新视野和创新思维，力求达到预期效果。

（2）科技创新容错的内涵与存在的问题。由于科技创新主体的认识与控制能力的有限性及科技创新活动的复杂性、不确定性和风险性，这意味着科技创新实际上也就是一个不断试错、反复探索的过程，因而具有很高的失败风险。在科技创新实践中，就非常需要对创新失败与过错失误进行宽容，鼓励先行先试，最大限度地支持和保护科技创新主体的积极性和合法权益，以消除对创新风险的顾虑和担心。科技创新容错，就是在科技创新活动中，对于因技术路线选择失误、不可抗力或不可预见等因素，而造成创新失败的责任主体，予以从轻、减轻或免予问责。相应地，构建科技创新容错机制，就是通过制度设计和机制调节，宽容并纠正科技创新活动中可能出现的失败和偏差，对相关创新责任主体实施豁免，并提供必要的制度保障。

目前，由于科技创新容错工作推进机制还不健全，时常会面临科技创新容错免责认定与推进难题。首先，在对科技创新主体容错或问责进行具体认定时，关于哪些错能够容、哪些错不能容，还缺乏明确的界定标准和相应的制度安排，对所容之错的科学界定还存在着一定难度。其次，由于科技活动具有长期性、探索性、专业性和前沿性等特征，使得在协调推进科技创新容错与加强科技创新管理的工作中，非专业人士很难实现对科技创新主体的全部活动进行全方位跟踪评判。最后，由于科技创新容错机制的运行涉及多个部门，需要科技管理、司法、审计、金融等部门，以及科技项目实施单位之间相互配合、协同推进。在实践中，由于各相关部门之间对科技项目的监督、检查、审计等信息还缺乏互通共享渠道，在科技创新容错实践中容易出现跨部门协调推进不畅等问题。

另外，由于科技创新容错风险贯穿容错机制实施全过程，存在着诸多的不确定性和风险规避的问题。目前，由于科技创新容错免责的法律法规还不完善，部门的权力清单尚不清晰，使得相关决策部门及决策者在进行科技创新容错决策与执行时需要承担较高的担当风险。与此同时，由于科技创新容错与科技信用评价是相辅相成的，科技创新容错机制的构建依赖于良好的科研诚信与科技信用评价基础，只有各类科技创新主体能够严格遵循科研规律、恪守科研诚信，才能有效降低科技创新容错中的道德风险。目前，科技信用评价、科研诚信监督及惩戒机制还不健全，部分科技创新主体的科研诚信意识不强，时常发生与科学精神要求不一致的行为，科研失信现象屡有发生，增加了科研活动中的道德风险，也加大了科技创新容错的难度。

（3）构建科技创新容错机制的路径选择。大力实施创新驱动发展战略，着力破解制约科技创新体制机制障碍，加快构建科技创新容错机制，为科技创新过程中的先行先试探索、颠覆式创新保驾护航，积极培育形成鼓励创新、宽容失败和防范风险的创新制度环境。

1）科学界定科技创新容错内涵，明确容错合理边界。科学界定所容之错的科学边界与合理范围，是构建科技创新容错机制的首要条件。当前，部分科技创新主体对科技创新容错内涵与范畴的理解还存在歧义，容易将容错等同避责或把所容之错视同为违法违纪行为。因此，为了确保科技创新容错的针对性和有效性，要明确容错科学边界与合理范围，并相应地制定完备的科技创新容错正面清单和负面清单，以及容错机制运行规程，以便于判定哪些错该容，哪些错不该容。

2）完善科技创新评价体系，激发勇于探索的科研精神。科学研究是面向未知世界的认识和探索活动，构建科技创新容错机制，就是实现对科研特点和规律的尊重与回归。在科技创新领域建立容错机制，需要遵循科技创新规律，重视科研试错探索的价值。根据 2018 年 7 月中共中央办公厅、国务院办公厅印发的《关于深化项目评审、人才评价、机构评估改革的意见》的相关要求，进一步推进科技评价制度改革，发挥好评价指挥棒和风向标作用，营造良好的科研制度环境，遵循科技人才发展规律，注重业绩和潜力评价、过程和结果评价相结合，健全和完善科技创新评价体系，为科研人员和机构松绑、减负，培育形成激发勇于探索的科研精神的长效机制。

3）推进科研诚信体系建设，保障容错机制有效运行。科研诚信与科技创新容错是相辅相成的，健全和完善科研诚信体系，减少科研活动信息不对称和科研失信行为，降低科技创新风险，保障科技创新容错机制有效运行。首先，要建立包括科研机构、科技社团及科研人员在内的科研诚信体系，完善科研单位及个人信用信息数据库，提高科技信用信息的共享水平。其次，要健全科研诚信奖惩机制，健全科学规范、激励有效、惩处有力的科研诚信惩戒机制，努力做到"褒扬诚信、惩戒失信"。最后，要构建科技项目信用评价机制，加强科技项目申报与受理、评审与立项、实施与管理及结项与验收等环节的信用评价。

4）完善科技创新容错法治基础，健全容错司法环境。完备、规范的法律文件有助于增强科技创新容错的法律效力与司法保障。从科技创新容错的法治运行轨迹看，立法是起点，执法是中端，司法是末端。首先，在科技创新容错实践中，立法、执法及司法机关应加强与知识产权行政管理部门、科研机构、创新型企业沟通，认真研究科技创新融资、科研成果资本化和产业化中的新情况，充分尊重科技创新的特点和规律，保护科研人员凭借聪明才智和创新成果获取合法收益。然后，妥善处理涉及科创主体的案件，对科技企业生产经营与创新发展中的经济行为，除法律法规明令禁止的外，都应不予以违法犯罪对待，积极营造鼓励大胆创新、勇于探索的司法环境。

5）重视创新容错与科研诚信教育，加强舆论引导监督。近年来，关于科技创新容错及科研诚信的宣传教育日益受到各级政府与学术界的重视，但仍存在着制度化的教育缺位和不到位的问题，相当比例的科技工作者对容错纠错、科研诚信、科研道德和学术规范等概念的认识不深。鉴于此，应从科研人员的学习、工作、生活等方面入手，加强容错纠错、科研诚信、科学精神、学术规范等方面的宣传教育。充分发挥媒体的舆论导向与监督作用，重视创新容错、科研诚信等领域法律法规的普及，弘扬科学精神，全面提高科技人员的科研诚信水平。

（4）基于以上三方面问题的探讨，南方电网深圳供电局建立创新活动容错机制的原则和方式如下。以习近平新时代中国特色社会主义思想为指导，贯彻落实中央和省委省政府关于营造良好科技创新环境的总体要求，以优化科技创新环境为目标，以推进建立科技创新容错免责制度为重点，以健全完善鼓励创新、宽容失败的容错纠错机制为保障，坚持容错与纠错并举，坚持宽容与惩戒并重，弘扬科学精神，倡导创新文化，鼓励科研人员大胆探索、挑战未知，最大限度地解放和激发科技创新的巨大潜能，营造追求真理、崇尚创新、鼓励探索、允许试错的科研氛围，防范和控制科技创新风险。

尊重规律，允许试错。充分尊重科学研究灵感瞬间性、方式多样性、路径不确定性的特点，尊重科技成果转化遵循科技创新规律和市场规律的特点，重视科研试错探索的价值，支持和保护科研人员创新的积极性，消除对创新风险的顾虑。实事求是，客观公正。坚持以事实为准绳，严格区分敢为人先、大胆探索、挑战未知的科研失败与弄虚作假、懈怠失信、谋取私利等违纪违法行为，认真甄别，综合研判，合理认定免责情形。依法依规，容纠并举。构建科学有效的风险防范和纠错机制，动态监管科技计划项目实施情况并实时预警提醒，对该容的错大胆容错，不该容的错坚决不容，对存在弄虚作假行为的责任主体依法依规追责，确保容错免责在科研诚信红线、法律底线内进行。

（5）南方电网创新活动容错机制适用情形如下：

适用容错免责的情形满足下列条件之一，经认定免除相关责任：①因不可抗拒因素，或因现有水平和条件难以克服或实现的技术，致使项目不能继续或不能完成研究开发内容和目标的；②因技术路线选择失误导致难以完成预定目标；③因不可预见因素，项目研发的关键技术已由他人公开，致使本研究开发工作成为不必要的；④因不可预见因素，项目研发取得了目标产品，但由于市场变化进一步产业化应用没有意义的；⑤法律法规、规章规定的其他情形。

不适用容错免责的情形存在下列条件之一的，不适用容错免责：①对科技创新活动中发生的重大风险和突发重大事件，未按照相关规定处理或隐瞒不报的；②违反法律法规、规章、省科技创新相关规范文件中的禁止性规定的；③发生《科学技术活动违规行为处理暂行规定》规定的违规行为，或存在科研失信行为的；④法律法规、规章和有关规定明确应追究责任的其他情形。

南方电网深圳供电局在南方电网相关文件精神的指导下，建立创新活动容错机制举措具体落实方法为：由创新部牵头，法规部配合，修编南方电网创新活动容错办法，进一步细化成果转化尽职免责负面清单。针对基础性、前瞻性研究项目，对实施过程中的不确定性导致的、不以科研人员意志为转移的非主观性偏差宽容对待，予以免责。

建立鼓励创新的容错机制，制定对创新偏差、未达预期或者探索性失误的容错免责细则。推动南方电网建立容错机制，形成潜心研究、挑战未知的创新文化和宽容失败、鼓励营造百家争鸣的学术氛围。保障科研人员围绕南方电网确定的科学目标和任务，心无旁骛、长期稳定地深耕基础理论、基础方法，产出重大原创性成果，引领国际科技前沿方向。

建立容错机制，消除职工创新的后顾之忧。建立科技创新容错、纠错机制，制定完备的科技创新容错正面清单和负面清单，以及容错机制的运行规程，以便判定哪些错该容，哪些错不该容。同时，组织专业技术人员认真审核职工上报的创新项目申报书，并提出修改意见。对于按照创新项目申报书进行的创新活动，即使没有取得预期成果，也应该针对实际情况分析失败的原因，合理合规地承担责任，有理有据地纠正错误，以消除职工的后顾之忧，并予以再次试错的机会，从而让职工勇于试错。

1）容错机制为改革创新者撑腰、鼓劲。南方电网深圳供电局坚持面向国家重大战略、面向行业科技前沿、面向生产经营一线需求、面向人民高品质生活，强化各类创新的统筹管理与有机融合，推动战略、组织、制度、资源等创新要素的协同匹配，形成相互促进、共同发展的有机整体，通过完善科研体制、创新科研机制、统筹创新要素、激发科研活力推动科研工作实现质量变革、效率变革和动力变革。

南方电网深圳供电局推动一系列科技体制改革举措落地。在创新项目组织方面，集中公司优势资源，发挥集约化优势，变革创新项目组织模式，创新实施了"揭榜挂帅""赛马攻关""成果知本券"等管理模式，推进公司创新体制机制变革。在创新活动开展方面，公司提出科研工作容错机制，划好底线和红线，保护好创新热情，形成"允许创新有失误、但不允许不创新"的鲜明导向。在科研成果管理及转化方面，制定离岗创业、跟投等一系列具体举措，保证科研成果在"从 0 到 1、从 1 到 N"的过程中，能够快速贯穿创新链、产业链和供应链，形成相互衔接、协同推进的工作链条。

2）建立创新容错机制。为深化实施创新驱动发展战略，全面贯彻落实《南方电网关于进一步推进创新工作的指导意见》的有关要求，同时结合南方电网发展规划、融合和服务深圳先行示范区建设行动计划、创新领导小组会议工作部署等涉及创新领域的相关任务，南方电网深圳供电局积极探索建立创新容错机制，从落实"三个区分开来"，探索开展创新活动的容错、容败机制，探索建立创新人才容错、容败机制等全面发力，取得突出成效。

3）落实"三个区分开来"。南方电网深圳供电局在组织人力资源部牵头下，常态化开展落实"三个区分开来"，实施容错、纠错，把在推进创新工作中因缺乏经验、先行先试出现的失误和错误同明知故犯的违纪违法行为区分开来，把上级尚无明确限制的探索性试验中的失误和错误同上级明令禁止后依然我行我素的违纪违法行为区分开来，把为推动发展的无意过失同为谋取私利的违纪违法行为区分开来。

4）探索开展创新活动的容错容败机制。在项目研发、成果许可使用及成果转化过程中营造鼓励创新、包容失败的创新氛围。南方电网深圳供电局在组织人力资源部、创新与数字化部牵头下，常态化探索开展创新活动的容错、容败机制，针对全方位推进技术创新、产品创新、管理创新、市场创新、品牌创新，加快科技成果向现实生产力转化，在推动科技与生产经营紧密结合过程中，严格执行决策程序和制度规定，出现失误的情况，经研究认定符合以下情况的，可以容错：①出于对大胆探索、先行先试，而不是有令不行、有禁不止的；②出于担当尽责，没有为个人、他人或单位谋取私利的；③由于不可抗力、难以预见等因素，而不是主观故意的；④经过科学决策、民主决策程序的，而不是个人或少数人专断、一意孤行的。

5）探索建立创新人才容错、容败机制。在人才评价中，充分考虑科技人才在承担探索性强、失败风险高的科研项目时，南方电网深圳供电局在人力资源部、创新与数字化部牵头下，常态化开展探索建立创新人才容错、容败机制，南方电网相关人员在履行勤勉尽责义务、没有谋取非法利益的前提下，免除其在南方电网创新创业中为探索新业态、新模式、新产业，以及推动科技成果转化所进行的单一投资活动失败的决策和实施责任。

<<< **第四篇**

成果篇

第十二章　科技创新的成果成效

"十三五"以来，南方电网坚决贯彻以习近平同志为核心的党中央决策部署，深入践行创新驱动发展战略，大力推动科技体制机制改革，在统筹创新资源、完善政策环境、健全激励机制、激发人才活力等方面取得了系列成果，围绕制约南方电网高水平科技自立自强的问题开展改革攻坚，转职能、补短板、抓落实、增活力，以关键点的突破引领改革向纵深推进，实现改革措施落地见效，提升科技创新体系化能力，为打造国家战略科技力量提供更强有力的体制机制保障。

第一节　科技自立自强能力显著提升

开拓创新，砥砺前行。近十年来，南方电网深圳供电局持续改革创新，努力发挥驻深央企"国家队""主力军"作用，以踔厉奋发、笃行不怠之姿，阔步于从"先行先试"到"先行示范"的转型跨越之路。

1. 从"自主创新"到"科技自立自强"

在深圳，有充电桩、电能表等 8 类电力装备试点使用南网"伏羲"芯片。它们是南方电网深圳供电局牵头负责的国家重点研发计划示范工程，自去年 3 月投运以来，至今运行良好，率先在全国突破了核心技术，有助于保障电网运行安全。以承载南网"伏羲"芯片的电能表为例，可以更加有效地防范各类通信攻击，且功耗低于国家标准 50%以上。

小小芯片的应用，折射深圳供电人从"自主创新"到"科技自立自强"的大步跨越。投运全球首条用于高负荷密度供电区的 10kV 三相同轴高温超导电缆示范工程，关键装备 100%国产化；发布电力行业首个基于昇腾生态的人工智能 AI 预训练模型，打造"5G+全栈国产化+智能电网"及"人工智能+物联网"等央企数字化转型示范；在国内率先实现输电架空线路通道视频巡视全覆盖……深圳供电人积极打造原创技术策源地，大力为高质量发展提供坚实的技术支撑。

踏上新的征程，深圳供电人以创新赢得先机。围绕"双碳"目标，勇当构建新型电力系统的排头兵。建成国内首个网地一体虚拟电厂运营管理云平台，推动提升新型电力系统灵活性和电力保障能力；打造公司首个"双碳大脑"，上线国内首个居民低碳用电"碳普惠"应用，为政府、企业、居民、能源行业提供"双碳"治理服务；打造直流配用电示范项目，为建设接近零碳运行的建筑提供新思路、新方案。

2.从"用上电"到"用好电"

深圳供电负荷已达 10000kWh，超高负荷密度下，深圳供电人放眼世界，对标最高、最好、最优标准，高质量建设安全、可靠、绿色、高效、智能的现代化电网，让客户实现从"用上电"到"用好电"。

"好电"，体现在电力供应有保障。这十年，深圳电网完成投资逾 500 亿元，电网容量较 2012 年前提升 50%，深圳成为全国首个基本建成坚强局部电网的城市；南方电网深圳供电局创建"零停电""零感知"工作体系和技术保障体系，客户平均停电时间（中压）从 2012 年 2.85h/户降到 2021 年 28.8min/户；建成福田、前海高可靠性示范区，到 2021 年，示范区客户平均停电时间连续三年低于0.5min，供电质量世界顶尖。

"好电"，体现在电力供应有品质。面对电能质量这一不可避免的世界难题，南方电网深圳供电局在国内率先实现全市变电站及重要敏感用电客户电能质量监测全覆盖，满足了不同层级用电客户电能质量差异化需求。"有的生产线如果电压连续低于 70%，可能会导致停线甚至设备损坏。10 年前，基地平均每年发生约 20 次降压情况，2021 年降到 5 次以下，2022 年以来没有出现过。"偏光片制造商深圳市三利谱光电科技股份有限公司龙岗基地生产副总经理陈景华说。

"好电"，体现在电力服务有温度。过去十年，南方电网深圳供电局在全国率先推行小微企业"今天提申请、明天用上电"极速报装，打造"充电易""绿电历"等"易""历"系列产品，推出"负荷地图""转供电历"等服务。目前，该局基本建成现代供电服务体系，"获得电力"指标在国家营商环境评价中连续两年领跑全国，公众满意度连续 11 年位居全市第一。

赓续前行，深圳供电人正朝着加快建成世界一流供电企业、早日实现"四个走在全网前列""中国第一、世界最好"的目标奋勇前行，助力续写更多"春天的故事"，努力为南方电网乃至全国输出更多深圳经验。

第二节 建成成果转化平台，高效利用成果转化资源

南方电网加大科研成果转化力度，高效利用与整合资源，各子公司立足公司战略目标，在科技成果转化方面均取得重大收获。

2016 年，广东电网公司科技成果转化中心正式揭牌，这是南方电网系统内首个科技成果转化中心，是落实国家成果转化政策的需求，也是践行《南方电网关于落实创新驱动战略提升创新能力的意见》及《南方电网"十三五"创新驱动规划》的重要举措。广东电网公司科技成果转化中心是该单位科技成果孵化与转化应用的执行主体，担负科技成果及创意孵化培育、成果转化、推广应用及科技创新服务等四大职能，将负责电力专业孵化器建设与运营、提供科技创新全过程咨询服务和知识产权布局服务、职工创新成果推广等工作。

2019 年 11 月，为全面贯彻落实国家"大众创业、万众创新"政策，进一步推进南方电网科技创新发展，形成支持广大创客创新发展的多元化、多层次、多渠道、全方位的服务格局，南方电网创新管理部牵头建设互联网＋双创平台——"南网双创"，面向内外部创业创新团队，打造以移动端 App、网站、小程序和内部社交网站为主要端口的数字化平台。自上线运营以来，坚持以创新创业服务为主线，以创新创业需求为导向，全面构建集资源对接、合作洽谈、转化服务、流程管理于一体的开放式服务平台，实现创新资源线上线下互联互通。

2019 年 11 月，为落实国家创新驱动发展战略，促进与规范南方电网科技成果转化，提升科技创新效率和效益，依据《中华人民共和国促进科技成果转化法》等法律法规和南方电网相关规定，南方电网颁布了《中国南方电网有限责任公司科技成果转化管理办法》，规范南方电网及所属各单位产出的职务科技成果的转化活动，南方电网科技成果转化尊重市场规律，遵循互利、公平、诚实、信用的原则，充分发挥市场在资源配置中的决定性作用，各参与主体依照国家法律法规和合同约定，享有权益，承担风险。南方电网科技成果转化符合南方电网经营管理决策与国有资产管理等方面的有关要求，维护南方电网利益，保护南方电网权益，同时鼓励创新、宽容失败，营造创新氛围，激发企业活力。

南方电网深圳供电局坚持创新发展理念，落实南方电网创新驱动发展战略，初步构建了以科技创新为关键，以服务和商业模式创新为核心，以管理创新为

保障的全面创新体系。累计荣获省部级及以上科技奖励 169 项,有效专利数 1680 件,"十三五"期间科技项目投入近 7 亿元,高效利用成果转化资源,加速打造深圳电力创新高地,为深圳提供可靠性高、电能质量优越的供电服务。

(1)5G 引领,探索智能电网各项应用场景。

炎炎夏日,深圳用电负荷激增。遍布深圳的 260 座 110kV 以上变电站、5042km 的 110kV 以上输电线路巡检工作繁重艰巨。可在 500kV 鹏城变电站,工作人员在电脑上轻轻一点,站内的巡检机器人瞬间就自如地开始工作,只见它沿着设定的轨迹缓缓前进,头部摄像头不时转动,对设备上的开关、压板、指示灯、仪表等进行识别和读数。

随着电网规模越来越大,输变电设备的数量也越来越多,智能巡检机器人便应运而生,既可有效地提高巡视效率,又能为基层班组减负。与以往不同的是,此次担任信号传输的"使者"是 5G 网络。借助 5G 技术,巡检机器人在接收信息和任务指令、传输高清视频流时更加快捷,有效地提升了巡检效率。

2019 年 12 月 2 日,南方电网首个变电站 5G 基站在 500kV 鹏城站内顺利开通运行。由此,鹏城变电站不仅利用 5G 大带宽的特性解决了智能巡检机器人、场地高清摄像头等业务的移动通信瓶颈问题,同时也为南方电网 5G 研究工作提供了范例。

从宏观层面,5G 已成为全球各国数字化战略的先导领域,是国家数字化、信息化发展的基础设施。聚焦到智能电网领域,尤其在智能配用电环节,5G 技术为配电通信网"最后一公里"无线接入通信覆盖提供了一种更优的解决方案。作为南方电网首个进行 5G 应用试点的单位,南方电网深圳供电局早在 2017 年年底就依托中国移动通信集团有限公司(简称中国移动)的中华人民共和国国家发展和改革委员会(简称国家发改委)项目,与中国移动、华为等企业强强联合,开展了 5G 智能电网战略合作,紧密把握 5G 产业发展机遇,积极探索"5G + 全栈国产化 + 智能电网"各类应用场景,目前已经在 5G 配网差动保护、5G 智能巡检及 5G 应急通信等场景取得了可喜进展。

(2)"两化一型",促进电力设施与城市发展融合。

在深圳湾生态科技园一座普通的办公大厦内,110kV 投控变电站即坐落于此。2016 年 10 月 26 日,建成投产运行的投控变电站是全国首例嵌入式附建变电站。所谓附建式变电站,就是将独立占地的变电站主控楼,作为一个模块附设到其他建筑中去。若按照常规独立占地模式建设,新增变电站用地面积庞大。

将变电站嵌入民用建筑楼体内，不仅节约用地、提升城市景观，同时也通过采用气体变压器等先进设备和技术，确保运行和消防安全，是变电站建设的重大创新。在寸土寸金的深圳，电网建设必须适应和破解城市空间资源受限的难题。在深圳市各级政府部门大力支持和指导下，南方电网深圳供电局始终坚持电网发展"两化一型"，即变电站小型化、线路电缆化、走廊紧凑型，大力推动电网建设节约用地，推动电力设施与城市发展融合。

同时，南方电网深圳供电局以深化智能技术应用为抓手，从成熟应用类和研发探索类两个领域推进深圳智能电网建设。2019 年，完成 17 座智能变电站建设及改造、139 座智能配电房建设；实现输电线路无人机自主巡视及变电站电缆隧道智能机器人的应用；建成柚柑湾光储充智能微电网项目；提升配电网自动化有效覆盖率，缩短故障复电时间，全市客户平均停电时间 32.4min，达到世界一流水平。

面向未来，南方电网深圳供电局提出了 2020 年智能电网全面发展格局有效形成、2022 年智能电网基本建成、2025 年智能电网全面建成的总体目标，并对各项工作任务进行管控，全面提速加快深圳智能电网建设，为"双区"建设助力。

（3）"跨界"合作，推动更多技术成果走向应用。

在南山区智慧广场 D 座 2 楼的一间实验室里，南方电网深圳供电局信息中心运维部专责人员冷迪与来自华为的工程师们，正在探讨新的研究计划。这个跨界组合，就是南方电网深圳供电局与华为打造的 ICT 联合创新实验室常见的工作场景。

电力企业业务人才和前沿信息通信技术的有机结合，已经结出硕果。2019年 9 月 3 日，南方电网深圳供电局与华为举办数字电网创新技术与应用峰会暨信息通信技术联合创新实验室成果发布会，展示了双方在电力行业乃至全球首次应用的多项技术成果，包括在电力行业首次应用华为鲲鹏处理器生态体系和自研应用迁移平台，在电力行业"首秀"华为物联网端侧技术，电力行业首个人工智能物联网架构以及首例 5G 通信技术试点……

华为 ICT 联合创新实验室，只是南方电网深圳供电局科技创新的一个缩影。就在实验室所在的智慧广场里，南方电网深圳供电局打造了 5140m² 的实体双创基地，依托基地内科研、孵化平台资源，大力发展"开放空间＋开放技术平台＋产业资源＋天使风投"的多层次孵化业务，入驻了电能质量实验室、人工智能实验室、直流配电实验室，以及 30 多家创新团队。

相信不远的将来，还会有更多、更好的创新技术从这里走向实际工作场景，为打造安全、可靠、绿色、高效的智能电网，保障深圳电网的平稳运行贡献智慧。

第三节　标准化行业贡献度显著增强

2023 年 3 月 17 日，我国首份顾客体验管理国家标准《质量管理 顾客体验管理指南》（GB/T 42509—2023）（简称《指南》）正式发布。该《指南》由国家市场监督管理总局、国家标准管理委员会组织编制，填补我国在用户体验管理领域的标准空白。南方电网深圳供电局作为核心起草单位参与编制，首次对电力行业的用户体验管理、满意度管理等进行规范。

南方电网深圳供电局市场及客户服务部总经理介绍："过去，我国在顾客体验方面一直缺乏体系化的管理标准和规范流程，在消费者差异化需求日趋多样化、消费维权意识日益提高的大背景下，亟须一套能够明确规范、有力指导、促进提升客户满意度的服务标准。"

据悉，国家市场监督管理总局、国家标准管理委员会共邀请我国能源、制造、医疗、快消、通信等 11 个重点行业共 15 家单位，历时 1 年，累计组织召开全国性专项研讨会 10 次，最终形成共 53 项服务标准。

该标准提供顾客体验管理的原则、框架，以及策划、运行、保持和改进等顾客体验管理过程的指南内容，适用于各类型组织开展的顾客体验管理活动。

南方电网深圳供电局作为能源行业唯一代表，总结提炼了近 10 年来供电服务先进举措和服务体验管理机制，形成适合全国推广的优秀供电服务实践和国际先进的运营管理理念纳入国家标准，为标准提供技术支持，有力确保标准质量、普适性以及先进性。

标准验收委员会专家一致认为，该标准引领性、可操作性强，对推动顾客满意度提升具有重要指导意义，有力支撑我国顾客体验管理提升，满足我国高质量发展和人民生活消费变革等客观需求。

在通用服务标准的框架基础上，南方电网深圳供电局还结合电力行业实际，进一步细化供电服务条款标准，形成一套适用于供电企业的顾客体验服务标准，同步编制《国家标准〈质量管理顾客体验管理指南〉在供电服务领域的应用指南》（简称《应用指南》），以深化标准的行业应用实践。南方电网深圳供电局研究梳理近年来国内外顾客体验领域的优质服务举措和先进管理机制，对标分析先进城市电网创新案例和主要经验做法，总结南方电网深圳供电局在公共服务行业满意度连续第一和第三方客户满意度全网领先的实践经验，形成可复制推广的服务措施和顾客体验管理亮点。

该《应用指南》囊括 44 项标准条款，主要包括客户体验管理、客户体验策划、客户体验运行三大方面内容，细化明确了从理解客户需求与期望、客户体验目标实现策划、供电服务体验设计、体验测量指标、体验行动分析、体验创新优化到服务体验评价的顾客体验全过程、全触点管理。

据悉，这是我国在电力行业首次按照质量管理的标准流程提炼梳理供电服务顾客体验管理要点，开辟了供电行业用户体验管理的先河，对供电企业顾客体验管理等业务具有较强指导意义，对我国供电行业服务顾客管理精益化、标准体系化等工作带来较强的现实意义和战略价值。

近年来，南方电网深圳供电局坚持践行"解放用户"理念，始终围绕客户体验做好客户服务，实现客户价值共创。

在客户体验设计方面，从客户需求与期望出发策划设计客户用电全过程体验优化提升管理，持续丰富"基础＋增值"产品体系，创新推出"易""历"系列产品，获 3 项全国首创（充电易、日电历、绿电历）、5 项全网首创（市场易、通电易、光伏易、换电易、转供电历）。

在客户体验策划方面，以客户画像应用为例，南方电网深圳供电局聚焦顾客期望，在南网率先上线运行客户精准画像智能应用平台，已实现"猜你想问""猜你想办""猜你想要""猜你想吐槽"等场景。向 95598 智能辅助系统、营业厅自助服务终端等提供客户画像实时辅助分析，推送 95598 辅助画像 9862 项、营业厅个性化菜单 964 项、营业厅投诉预警短信 795 条，辅助客户经理推广智慧运维等 4 类增值服务。

在客户体验运作方面，南方电网深圳供电局打造全网首批高端客户经理团队，主动服务该市重大项目和"20＋8"产业集群用电需求，建成政企用电用能共享服务数字平台，推进政数共享、行政审批、电水气线网协同联办等做深、做实。全面对接深圳智慧城市信息模型平台，推动地下空间"一张图"规模化应用，主动对接"数字政府"在线获取市详规"一张图"，实施主网项目敏捷建设，服务地方经济发展。

南方电网深圳供电局基于顾客体验管理应用将目光锁定在供电服务产品体验和改进升级上。开展"大众电评师"系列活动累计 4 季，共邀请 1058 名用户对服务产品体验与评价，对 5 项基础、4 项增值供电服务产品沉浸式体验，提出全流程管理改进建议 113 项，单场直播最高点播量达 3.37 万人次。启动全渠道招募供电服务体验师，招募首批内外部 19 名服务体验师，以用户需求驱动流程再造。

下一步，南方电网深圳供电局将继续深耕顾客与市场管理提升研究，以用户体验管理推动现代供电服务水平整体提升，实现用户价值共创。

第十三章　独门绝技的技术品牌

第一节　深圳特色的引领性重大科研攻关技术

1. 源网荷储多元互动关键技术及应用案例

新型电力系统建设促进新能源快速发展，随着大型新能源基地、风光水储等一体化能源基地、海上风电、整县屋顶光伏等集中式与分布式并举开发的新能源大规模开发建设，将形成海量新能源按资源禀赋因地制宜，广泛接入各级电网的格局。为应对新能源随机性、波动性、间歇性、广域分布的特征带来的供给端强不确定性、可靠供电和快速恢复等挑战，系统开展新能源功率精确预测、集中式与分布式新能源并网主动支撑控制、灵活性资源与大规模新能源协同调控等关键技术研究，不断提升新能源并网性能，解决大规模高比例可再生能源集群并网稳定运行问题，满足分布式新能源灵活高效接入，安全有序地推动电源结构清洁低碳转型。

（1）源网荷储多元互动电网侧关键技术。

1）新型电力系统下电网调度控制技术。包括新型关键装备对电网特性影响分析技术，网源荷储协调调度控制技术，基于多源信息电网态势全局智能感知和灵活调度控制技术，集中协调、分布自治相结合的配电调度框架与平台，面向高度数字化城市电网的网络安全防护与外部入侵防御技术，基于电力大数据的电网深层次运行特性分析、风险识别及智能处理技术，自主深度学习电网知识建模及推理引擎技术研究，新型电力系统风险评估技术研究，特大城市柔性负荷智能响应技术，智能电网调度全景 AI 指挥平台功能架构研究，基于云边融合的城市智能电网运行生态平台及新型调度操作交互技术等。

2）新型电力系统下的网络安全防御技术。包括电力系统非常规事件下快速恢复及应急保障技术，电力系统安全防御顶层设计技术，考虑极端天气、网络攻击等非常规因素的电力系统风险调控及防御技术，城市生命线工程与自愈弹性城市电网络规划研究，网络安全监测与预警技术，网络安全隔离关键技术，网络安全攻防关键技术，基于"云大物移智"的电力监控系统网络安全防护技术，基于"云大物移智"的信息系统网络安全防护技术，基于用户行为与数据内容安全的内部威胁防护技术，电力监控系统主机及服务器病毒木马检测防护技术，网络安全评估关键技术，信息安全运行监测预警技术，信息安全防护关键技术等。

3）新型电力系统规划及建设关键技术。包括新型电力系统规划研究，新型电力系统电网建设智能化技术，新型配电系统规划方法研究，适应新型电力系统的配网网格化规划辅助决策系统，智慧工程技术等。

4）智能输变电关键技术。包括输变电设备信息建模技术，输变电设备数字孪生技术，输变电设备智能化及智能运维技术，变电站及设备集成优化技术，输变电装备状态参数感知技术，变电装备状态智能感知技术，输变电设备智能化标准技术，输变电设备智能巡视技术，变电站及设备智能巡视技术，输变电设备智能操作技术，输电线路智能操作技术，变电站及设备智能操作技术等。

5）高品质供电配电侧关键技术。包括配电网未来形态与规划技术，配电网数字规划技术，配电设备可靠性评估技术，配电设备智能运维技术，配电网感知与运行技术，配电网全景感知技术，直流配电网规划与仿真建模技术，直流配电网安稳关键技术，直流配用电关键设备，绿色建筑和园区直流供配电关键技术，直流配用电系统规划与评估方法研究与软件开发，直流配用电系统优化调度与协调控制策略研究与设备研制，直流配用电系统保护与用电安全技术研究与功能集成，直流配用电系统关键换流设备研制与功能集成，直流配用电系统集成与示范等。

6）高品质供电电能质量治理关键技术。包括面向电能质量多目标（谐波、电压暂降、三相不平衡）综合治理的配电网薄弱点评估方法，复杂城市电网谐波分析与治理技术，负荷密集型城市电网电压波动闪变与无功补偿，随机负荷接入下城市电网三相不平衡治理，大型城市电网电能质量量测、智能分析与治理，电动汽车及分布式电源对电能质量的影响，电能质量经济损失评估与治理关键技术，电能质量发射特性及其影响，配电网电能质量多目标综合治理成套装置关键技术，配电网电能质量多目标综合治理应用技术等。

（2）源网荷储多元互动电网调度控制技术应用案例。

1）应用案例一。2021 年 6 月 2 日，南方电网深圳供电局历时两年多研究建设的主配一体化调度自动化系统在专家验收通过后，正式投入运行。这标志着深圳电网再一次领先全国，正式开启了电网调度从最高电压等级 500kV 变电站，一键即可控到客户家门口的时代，为智慧城市建设提供了"最强大脑"。图 13-1 为南方电网深圳供电局电网调度自动化大厅。

图 13-1　南方电网深圳供电局电网调度自动化大厅

据悉，南方电网深圳供电局在电网调度自动化方面，一直走在全国前列，早在 1987 年就建成第一代调度自动化系统，开创国内变电站无人值班的先河。2009 年，建成第二代纯国产化调度自动化系统，支撑了深圳从地调升级为中调的调度模式调整，并成为南方电网首批调控一体化示范基地；新投运的相干光系统（OCS）即为第三代调度自动化系统，将引领深圳调度向自治自愈转变。

从 3h 到 13min，调度操作"一控到底"。"这几年我们一直聚焦于调度数字化转型的探索，研发多个科技项目成果，并应用于实践，才有了目前深圳第三代调度自动化系统最核心的功能，我们实现了'一控到底'"。电力调度控制中心总经理林子钏说。

"过去，变电站 110kV 母线计划停电，必须要调度台、变电站、区局的同事们密切配合。区局的同事操作完，跟调度台报备，调度台再指挥变电站同事进行下一步操作，一次停电需要多个部门来来回回打 20 余次电话。即使大家能远程无缝连接配合，也要花大约 3min 才能把 110kV 母线停下来。"电力调度控制中心主网系统控制部值长戚思睿说。

调度自动化系统上线之后，深圳电网在国内首次开创了电网主配一体化调度自动化的先河，即电网"一控到底"。"我们最早在投控站进行试点，能实现多设备（母线、线路、主变压器、配电）操作全过程无人化、自动化执行，如果现在计划停电，停电只需要调度台下令，13min 即可实现。"戚思睿表示。

从 3h 到 13min，不仅生产效率提高了 93%，而且有效消除了人员误操作的风险，更为电力系统提供了可复制、可推广的"深圳样本"。目前，深圳电网调度值班员坐在调度控制中心，就能从最高电压等级 500kV 变电站，一键控制到客户家门口。

而在故障停电处置方面，有了调度自动化系统的帮助，调度员可在 5min 之内生成确定事故处置方案，在过去需要至少 60min 才能实现。"过去出现故障，调度台信号能收到少则几百条，多则几千条的告警信息，调度员需要在海量的数据里，分析出失压范围、损失的负荷和受影响的客户，并凭借自身经验，拟写事故处置方案。"南方电网深圳供电局电力调度控制中心自动化主站班长邓彬介绍，"而现在调度自动化系统能在故障停电时，自动生成事故处置方案，调度员只需结合事故处置方案做进一步的审核和研判工作，大大缩短了工作时间，同时也降低了人为因素干扰带来的风险。

只需 66s，配电网故障停电实现自愈。配电网故障停电自愈功能、配电网调度自主巡航是调度自动化系统有别于传统系统的两大显著特征。

过去配电网出现故障，需要人工现场排查并进行隔离及转供电。而自愈功能则犹如为电网装上"大脑"，可以第一时间对故障做出判断，自动完成配电网线路故障的自动定位与隔离，实现非故障区域的快速复电，保护客户不受或少受停电影响。

据统计，2020 年，深圳配电网自愈平均复电时间仅为 66s，全南网最优，而传统人工复电时间平均耗时在 90min 左右。

配电网调度自主巡航则让计划类调度电话趋向零，实现计划停电零感知。

"以前一次配网计划停电，调度台需要与区局同事经过 7 阶段 19 个节点的交互，每一单停电约需通话 10 次。按平均每天 20 单计划停电计算，调度台同事每天需要接听电话约 200 次。"邓彬介绍，"而我们调度自动化系统上线之后，系统会按照停电节点自动巡航，区局同事看到系统信号即可操作，这一技术实现，让调度台电话趋于零，能实时掌握现场执行情况，同时也大大降低了现场操作风险。"

据悉，在调度自动化系统整体考核验收会上，专家一致表示，系统全面地支撑深圳调度主配一体化、调控一体化的模式，并实现了对资产管理、配电网管理、配自运维、生产运行、客户服务等更多业务领域的技术协助，是全国首套实用化的超大城市主配一体化调度自动化系统。

南方电网深圳供电局调度自动化系列的创新，全面助力深圳客户平均停电时间下降。2022 年第一季度，深圳客户平均停电时间 3.3min，全国排名第一。下一步，南方电网深圳供电局将结合国家"碳达峰、碳中和"的目标，构建新型电力系统，更好地融入和服务双区建设。

2）应用案例二。南方电网深圳供电局"智慧安监"可视化系统建设取得阶段性进展，该系统正式上线后，配合现场视频终端和智能行为识别技术，将实现远方作业可视、可感，风险可知、可控，打造"平安现场"。一直以来，南方电网深圳供电局高度重视安全生产工作，大力推进"科技兴安"战略，不断夯实安全根基。

深圳电网是全国负荷密度最高的超大型城市电网。为保障电网安全稳定运行，南方电网深圳供电局联合武汉大学、国电南瑞科技股份有限公司、南网科研院开展含抽水蓄能机组的特大城市电网风险综合防御系统关键技术及应用研究。

该项目运用建立数学模型、电力系统仿真、并行计算技术等多种科技手段，提出"3 策略 1 系统 1 技术"，使深圳电网安全稳定运行能力显著提升。深圳电网成功抵御超强台风"山竹"侵袭，全面快速恢复全市电力供应；充分利用新能源，有效控制新能源接入比例提高带来的风险，经济和社会效益显著。2018年，吸纳清洁能源发电量 1.035×10^9 kWh，非化石能源电量占比达 69.1%。

"2018 年，我们运用这个技术成果，组织深圳抽水蓄能电厂开展首次全电压等级'黑启动'试验，全部成功复电只用了 45min，比以往缩短了 1h，效率大大提升。"南方电网深圳供电局系统运行部运行方式部副主管马伟哲说。

配电网设备故障率下降 35%。为推动向智能电网运营商转型，保障配电设备安全，南方电网深圳供电局深度融入"云大物移智"，建立了配电网"2＋1"系统（2 种智能终端设备、1 个智能生产监控指挥平台）。

"配电设备点多、面广，人均维护公用线路 44.87km，工作量大，运维效果不理想。"南方电网深圳供电局电力科学研究院专责余英说。

"'2＋1'系统让这个局面大为改观。"余英介绍，两种智能终端分别是"智能配电一体化"终端和"三合一"移动智能巡检终端。前者就像配电网的"眼耳鼻舌"，集保护与测控、电能计量、电能质量等全功能于一体，实现配电房设备自上而下的实时调控和智能化管理，减少了人员工作量。后者集地电波局部放电检测、超声波局部放电检测、红外测温 3 种功能于一体，随时随地上传数据，自动生成报告。据悉，终端重量还不到之前的一半，检测时间缩短一半，有效提高了配电网巡检工作的效率和效果。

"配电网智能生产监控指挥"平台则像配电网的"智慧大脑",可精准定位缺陷,自动派发检修工单,改变了以往"定期巡视、事后检修"的模式,实现了配电网实时动态差异化运维。

"在配电网'2+1'系统的帮助下,2018年配电设备故障率下降35%,客户平均停电时间大幅降至0.68h/户。"余英说。

架空输电线路机巡占比74%。南方电网深圳供电局构建架空输电线路智能巡检体系,逐步采用机巡代替人巡,机巡工作量占比达74%。

2018年,550处重点区域实现无人机每日一巡,101回关键线路实现智能定位,平均减少人工登塔110基,缩短故障排查时间600h,实现了减量增效,有效保障了人身安全。

(3)源网荷储多元互动负荷侧关键技术。

1)规模化车网互动(V2G)关键技术。包括充电场站智能边缘控制装置开发和通信协议制订,构建车网互动信息安全防护体系,电动汽车网互动计量芯片及溯源体系研究,电动汽车车网互动安全防护架构体系研究,电动汽车充电设施安全认证模块及支撑系统研发,电动汽车充电设施及平台安全态势感知技术研究,充电场站的多层级车网互动服务协同调控策略设计,车网互动服务响应质量指标和服务指令分解执行策略研究,开展大规模电动汽车充电负荷接入、聚合和管理系统研发,研究包含用户行为模式的充电负荷时空分布模型和预测方法,支持车网互动服务的站点推荐和导航技术研究,电动汽车智能充电导航与多层级车网互动需求的数据交互机制和市场激励机制,面向大型城市的车网V2G多层级互动示范应用,面向大型城市的基于"车—桩—路—网"信息融合的电网友好充电场站推荐和智能导航示范,基于云—边—端物联网平台架构的V2G电网互动技术标准建设等。

2)城市建筑与电网互动关键技术。包括面向直流配电系统的规划评估与分析计算软件升级与应用,开发与建筑管理系统融合的直流电能管理装置系统产品,研制"光储直柔"系统技术研究和关键设备,"光储直柔"系统直流用电安全检测装置产品与应用,支撑既有和新建建筑低成本零碳化改造的楼宇控制系统集成研发,"光储直柔"建筑系统与新能源汽车移动储能协同发展示范应用,建筑群聚合平台与虚拟电厂管理云平台交互关键技术研究,虚拟电厂建筑群实时感知与协同调控技术研究等。

3)基于海量分布式资源聚合的虚拟电厂技术。包括深圳市典型新能源项目特性调研和建模分析，虚拟电厂运行建模分析，具备自主调度能力的虚拟电厂架构体系设计，虚拟电厂通信控制架构研究，虚拟电厂平台交互技术研究，不同分布式资源聚合平台的二次动态聚合策略研究，协调差异化灵活性资源参与多种辅助服务的虚拟电厂多时间尺度调控技术，虚拟电厂商业化运营模式研究，适用于虚拟电厂的基于区块链的分布式可信交易技术，虚拟电厂参与电能量及辅助服务市场交易机制设计，虚拟电厂新型交易体系扩展等。

4）高品质供电用户侧关键技术。包括智慧营销作业技术、智慧营业厅技术、智能语音客服技术、营销智能合约技术、用电深度感知与智能分析技术、营销客户画像及快速服务技术、客户用电行为分析与增值服务技术等。

5）智能量测与先进计量技术。包括新一代智能电表技术、智能融合终端技术、新型计量互感（传感）器技术、智能量测主站系统技术、量测物联通信技术、计量设备智能集控与柔性检定技术、智能封印与电子标签技术、数字化计量及其量值溯源技术、电能量子计量量值溯源与仿真技术、计量远程校准与动态溯源技术等。

6）综合智慧能源关键技术。包括智慧能源系统规划技术、智慧能源系统仿真建模技术、综合能源系统运行调控技术、综合能源系统基础理论技术、用户侧综合能源服务产品设计与关键技术、基于物联网技术的智慧能源体系架构关键技术、智慧能源系统商业模式技术等。

（4）源网荷储多元互动负荷侧关键技术应用案例。

应用案例。2023年6月，公司牵头申报的国家能源"新型电力系统源网荷双向互动"研发中心（简称研发中心）成功入围国家能源局"十四五"第一批"赛马争先"国家能源研发创新平台名单，是南方电网在"十四五"期间首批入围的国家能源研发创新平台之一。

国家能源研发创新平台是由国家能源局组织认定的重大创新平台。该平台聚焦能源安全、"双碳"目标等重大需求，主要通过产学研用协同创新机制，以能源行业优势企业、科研院所、高校等共同组建创新联合体的方式进行申报。

2021年，国家能源局发布通知，组织开展"十四五"第一批能源创新平台认定工作。在深圳市政府和南方电网的支持下，公司作为牵头单位，与能源领域多家产学研用单位共同筹建研发中心，并历经2年成功入围"赛马争先"名单。创新平台赛马期为3年，赛马期结束后，国家能源局将委托第三方机构对创新平台建设情况进行综合评价，评价结果为"优秀"的给予正式授牌，完成最终认定。

　　研发中心致力于打造行业关键共性技术研发平台、科技成果高效转化平台和高水平应用示范平台,力争建设成为"国际一流、国内领先"的创新平台。将充分发挥深圳市新能源汽车推广优势,以新能源汽车与电网互动关键核心技术攻关、装备试制和试验示范为主线,同时聚焦新能源汽车移动储能与充电设施、配电网支撑技术、新能源汽车与电网能量互动技术、新能源汽车与建筑(V2B)能量互动、新能源汽车与分布式能源融合应用、虚拟电厂技术六大关键技术领域,搭建资源聚合平台、虚拟电厂调度平台和交易结算平台,形成一套以车网互动为主体的新型电力系统源网荷友好互动的产业发展新模式、新业态。

　　近年来,公司坚持以发展超大型城市电网新型电力系统为目标,结合深圳受端电网的典型特征,持续加大在源网荷储多元互动领域的科技投入,在车网互动、零碳建筑、储能安全、虚拟电厂等关键技术上形成一批重大成果。先后建成国内首家网地一体化虚拟电厂运营管理云平台、车网互动聚合管理平台、"双碳大脑"等源网荷储多元互动平台,发布全国首份《白皮书》。接下来,公司将联合共建单位按照方案全力推进平台建设,力争 3 年后获得正式授牌,力争在国家级创新平台建设工作中实现历史性突破。

2. 新型储能关键技术及应用案例

　　储能是支撑新型电力系统的重要技术和基础装备,对推动能源绿色转型、应对极端事件、保障能源安全、促进能源高质量发展、实现"碳达峰、碳中和"具有重要意义。国家《2030 年前碳达峰行动方案》提出"到 2025 年,新型储能装机容量达到 $3.0 \times 10^7 kW$ 以上,到 2030 年,抽水蓄能电站装机容量达到 $1.2 \times 10^8 kW$ 左右"。南方电网也提出 2025 年全网抽水蓄能、新型储能装机将分别达到 $1.388 \times 10^7 kW$、$2 \times 10^7 kW$ 的目标,储能将进入跨越式发展阶段。为应对本质安全、价格友好的大规模储能系统集成应用技术挑战,系统开展高可靠、低成本、长寿命储能技术研究,支撑源—网—荷侧储能规模化应用,实现核心技术装备自主可控水平,推动新型储能从商业化初期向规模化发展转变。

　　(1)新型储能关键技术。

　　1)电化学储能关键技术。包括磷酸铁锂储能系统全生命周期成本分析与整体降本方案,低成本集装箱式电池系统正向一体化设计,磷酸铁锂储能系统应用场景经济性分析,分布式储能关键技术,基于国产化 IGCT-Plus 器件的大容量 STATCOM 集成储能系统关键技术。

　　2)储能安全关键技术。包括储能系统状态监测与预警技术、锂离子储能电池防护技术、储能电站消防安全防护关键技术、锂离子电池储能系统新型灭火介质制备与性能研究、锂离子电池储能系统灭火剂施放装置研制、锂离子电池储能系统消防灭火装置功能验证与工程示范等。

3）新能源汽车移动储能关键技术。包括构建基于车—桩联动的新能源动力电池安全和衰减研究数据库体系，开展支撑 V2G 服务的动力电池衰减模型研究，构建动力电池安全预警标准及动力电池衰减及梯次利用管理规范，长寿命、高可靠性的储能电池系统研究，开发基于物联网技术的储能单元智能管理装置，开发储能电池监测管理体系等。

（2）新型储能关键技术应用案例。

由南方电网深圳供电局联合深圳市建科院等单位大力研发，成功打造了四张技术名片，即"光伏发电＋高效储能＋直流配电＋柔性控制"（简称光储直柔）技术集成方案。深圳国际低碳城的未来大厦是南方电网五省区中首个全直流配用电建筑，预计大厦每年可减排二氧化碳 1675t，全年平均能耗较深圳普通同面积办公建筑减少 46.6%。

1）使用直流电，大厦用电能效提高 5% 以上。

相较于传统建筑供电模式，未来大厦最大的特点在于采用直流供电。"电分为交流电和直流电。城市电网传输的都是交流电，而到了未来大厦，我们首先通过一个变换器，让交流电变成直流电。凭借直流供电系统降低电力传输损耗的优势，未来大厦整体用电能效提高 5% 以上。"南方电网深圳供电局电力科学研究院直流配电研究所主管赵宇明介绍，他们为大厦的直流电设计了 375V 和 48V 两种电压等级，前者适用于充电桩、空调等大功率用电，后者则用于照明、电脑等小功率用电。"直流 48V 电压对人体而言非常安全，就算不小心碰到也不会有生命危险。"赵宇明说。

在直流电的环境下，南方电网深圳供电局还为这座"绿色钢铁侠"配置了光伏发电系统和锂电池储能系统。白天阳光允裕时，光伏自发自用，余电自动储存，夜间通过储能系统再对大楼进行供电。而且这一过程都是利用该局自主开发的智慧用电管理平台进行自动、柔性控制，并通过接入该局的虚拟电厂管理平台，与电网直接对接，实现负荷精准控制，有利于促进建筑领域可再生资源的利用和消纳，降低用电成本。例如，大厦里的空调在电压较低时降低运行功率；具有储能功能的充电桩在用电低谷期充电，高峰期向大厦反向送电，促进削峰填谷。

当下，国家大力推进建筑光伏的建设，深圳也出台了 5 年新增 5×10^7kW 光伏装机容量的方案，光储直柔是实现建筑光伏高效灵活消纳的重要技术方案。现在，未来大厦已实现内部可再生能源消纳，相比于同样功能和面积的建筑，它从电网获取的电量减少三分之一以上。随着未来电网侧可再生能源接入未来大厦，大厦运行将接近零碳。

2）核心装备100%国产化，填补行业技术空白。

打造四张技术名片是一个上下求索的过程。过去，建筑光储直柔技术缺乏系统成熟的行业技术标准和关键软硬件。南方电网深圳供电局历经3年自主创新，实现关键装备100%国产化，填补行业技术空白。

这一项目为不同应用场景下的直流配用电技术，系统性地提供了可推广、可复制的解决方案，大量项目成果为国内首创，成果具有非常高的实用性与推广价值，促进我国直流配用电产业生态的发展形成。

据了解，这些前沿装备隐藏在未来大厦的电力控制室、设备室等地。其中，最具亮点的是全国首款"直流剩余电流和故障电弧检测装置"，以及具有电气安全保护、系统控制功能的交直流变换器。前者可以提高用电安全性，相较于国外产品具有体积小、成本低及检测准确率高的优势，达到世界先进水平。后者具有开放、高效、简约、智能等特征，为直流配用电领域全国产化集成装备开创了新方向。

南方电网深圳供电局还开发了国内外首款针对光储直柔建筑的投资收益分析专用软件，有助于各行各业更好地理解光储直柔技术优势和特点，推动建筑直流供电技术快速发展和大范围应用；开发了国内首套与建筑管理系统兼容的直流配电能量管理系统，能智能地优化分配、管理电能的使用，帮助用户节约用电成本。

未来，南方电网深圳供电局计划联合深圳市相关单位，共同将新型建筑直流供电技术成果推广到全市每年 $3.5 \times 10^6 \sim 4 \times 10^6 m^2$ 新建建筑中，碳减排量将达到 100000t/年，相当于约 $26.67km^2$ 森林的碳汇量，降低深圳市每年碳排放增量的 12%～15%。

2023 年 2 月，中华人民共和国科学技术部（简称国家科技部）公布了 2022 年国家重点研发计划"储能与智能电网技术"重点专项立项结果。由公司牵头，清华大学、华中科技大学、武汉理工大学、北京理工大学深圳汽车研究院、深圳比亚迪锂电池有限公司等 9 家单位共同参与申报的"储能电池高精度先进测试表征和失效分析技术"项目获批立项，实现公司成功牵头申报国家重点研发计划项目零的突破。

3）打基础、强体系、建机制，成功实现零的突破。

党的二十大报告指出，要加快实施一批具有战略性全局性、前瞻性的国家重大科技项目，增强自主创新能力。国家重点研发计划是国民经济和社会发展主要领域提供持续性的支撑和引领的科技计划，其中，"储能与智能电网技术"专项是聚焦储能和电网领域重大战略科技创新的重点专项计划，是电网公司主要竞争的国家重大科技项目。

2018年，公司开始组建储能研究团队，重点聚焦储能安全性开展新技术研发及应用，旨在解决影响储能规模化推广的关键瓶颈问题。团队实施或策划南方电网级以上科技项目10余项，不仅实现在该领域从无到有的突破，而且形成了储能消防安全、梯次利用等一批行业领先成果及示范。

2022年，公司构建"7个1"新型科技创新体系，进一步发挥外部创新力量科研优势和公司在多专业融合与典型电网场景示范应用的优势，为国家重点项目申报奠定了前期基础。同时，公司聚焦国家重点项目申报中存在的申报经验不足、资源调动不足等问题，制定了国家重点项目申报机制，研究提出18项重点任务，并组建了1个领导小组、3个专项工作组、N个申报团队的"$1+3+N$"专项工作组织架构。公司综合考虑实际业务需求、未来发展需要，以及支持新兴业务等，面向储能安全监测、电池失效分析这一国家、行业重大共性关键技术问题选题，牵头组建申报团队，充分发挥需求牵引、场景提供、集成创新作用，在策划、申报、答辩全过程每个细节下功夫，最终申报成功。

"储能电池高精度先进测试表征和失效分析技术"国家重点项目将开发储能电池多层级原位实验分析系统，研制储能电池多物理场传感与无损检测系统，建立服役储能电池实时安全评估模型，实现储能电池先进测试技术示范应用。项目成果将强化大规模储能电池安全管理水平，推进储能电池安全设计与性能加速提升，助力面向多种场景因地制宜布置高安全储能，并形成储能及动力电池检测的新技术、新产品、新业态、新模式。项目团队也将按照国家科技部和项目管理专业机构相关要求，高质量推进项目实施，力争2年内完成主体成果研发，3年内完成面向多场景的应用示范，未来4年每年均能形成国内乃至国际上有影响力的成果或示范工程，同时，建立项目过程管理机制，围绕组织管理、质量掌控、进度把控、经费监控、风险预控等方面，有效提升项目管理水平，为项目争取优秀结题奠定坚实基础。

3. 数字电网关键技术及应用案例

新型电力系统中，新能源逐渐成为主体电源，汽车电动、虚拟电厂等电力产销者不断涌现，电力系统从"源随荷动"向"源荷双向互动"转变，电网作为连接电源和负荷的纽带，运行调度协调难度加大。为应对新型电力系统海量调控对象与运行场景、海量异构数据并行传输与计算带来的技术挑战，系统开展数字化技术与传统电网技术融合研究，运用大数据、物联网、人工智能等数字化技术提升电力系统的全面准确感知能力、规模计算分析能力和灵活快速调节能力，带动产生以数字技术为核心的新型电力系统理论方法、研究模型和算力算法，实现电网快速自愈、优化运行和智能决策，支撑千万级规模新能源广泛接入和充分消纳。

（1）数字电网关键技术。

1）人工智能关键技术。南方电网印发了《人工智能与业务融合研究及应用专题规划》，提出"十四五"期间人工智能在系统运行、生产技术、市场营销、安全监管、规划建设、企业管理、信息化、基础平台等8大专业领域、30个应用场景的规划布局。规划提出8大专业领域、30个应用场景共71项工作任务，全力拓展南方电网在各业务领域应用人工智能的深度和广度。按专业领域划分，包括系统运行15项、生产技术11项、市场营销10项、安全监管4项、规划建设6项、企业管理14项、信息化3项、基础平台8项。按任务性质划分，包括研究开发类48项，推广应用类23项。

2）5G关键技术。南方电网印发了《5G技术与业务融合研究及应用专题规划》，贯彻落实南方电网"数字南网"战略和5G研究应用总体工作部署，在南方电网"5G+智能电网应用研究"工作协调小组的支持和指导下，做好融合5G的智能电网泛在业务高性能传输与承载技术研究及业务验证，开展5G高精度透明时钟同步、5G局域网终端灵活组网与透明传输等技术的研究，以及相关业务场景验证。同时，密切关注5G通信技术发展，深入掌握技术特点，充分利用深圳5G技术快速发展的地缘优势，开展5G技术在适应智能配电网、智能巡检、物联网、云平台、大数据、人工智能技术等不同业务场景的技术攻关、产品研发、标准制定和检验检测，助力构建5G大规模承载电网业务的应用管理模式。

3）电力物联网关键技术。包括电力物联网平台与数据技术、基于物联网技术的输电设备资产全寿命智能管控技术、电力物联网网络安全防护技术、基于物联网技术的大型城市电网节能减灾规划和调度控制关键技术、电力物联网标识与架构模型技术、全域国产物联平台、物联网在配电网的应用技术等。

4）城市电网数字化关键技术。包括数字化配电网络仿真分析技术、城市配电网络数字化管理及技术应用、城市配电网络数字化运行控制、配电网数字化设备及系统、数字配电网数据增值服务场景、数字配电网数据增值商业模式与运营机制、数字配电网泛在物联体系等。

（2）数字电网关键技术应用案例。

为帮助用户快速、准确地掌握用电情况，南方电网大数据服务有限公司（简称南网大数据公司）研发的用户侧数字能源转型整体解决方案产品中提出数字配用电整体解决方案和园区（楼宇）数字化方案。用户侧数字配用电整体解决方案借助"云大物移智"等先进技术，对专变电房运行环境、设备状态进行实时监控、分析、预警，实现远程巡检、智能运维，全面提升专用变压器电房的供电可靠性和运维效率，有效降低人工成本。园区（楼宇）数字化方案在园区数字化服务场景中，提供视频监控、出入口管理、入侵报警、智能温控照明、智能电梯等一系列园区数字一体化服务，以此提升园区用户体验、减少运营成本，打造智慧、绿色园区新形态。

目前，该数字化方案子产品已在多个项目中应用。以服务香港科技大学（广州）的数字配电建设为例，校园内共使用 14 个专用电房和 20 余台配电变压器设备，各电房配置智能终端、传感器等智能设备，通过数据远程采集和线上监控，实现了配电房数字化、智能化、低碳化。

截至目前，用户侧配用电整体解决方案已累计建造智能电房 10000 余间，通过智能电房代替重复性人工巡视，可累计节省人工 2 万人次。园区（楼宇）数字化解决方案产品则为企业节省安防等人力成本，智能温控、智能照明约为单个试点企业月节省电费 2 万余元。

此外，在智能配电方面，截至 2021 年年底，南方电网在全网 65 个地市局共同开展智能配电房、智能台区项目 18890 个，全面开展数字配电示范区建设，先后打造了佛山高明、广州琶洲、深圳福田、南宁五象、河池东兰、云南迪庆、贵州乌当、海南博鳌等示范项目。

如佛山高明供电局。基于配电自愈全覆盖、广义双电源全覆盖，拓展无人机自主巡航全覆盖、配电网智能化建设，探索可视、可测、可控的智能化配电网，全面数字配电建设，探索基于智能电表的电压管理、国际对标的供电可靠性管理，打造可复制、可推广的区域性智能配电示范工程。2021 年 8 月，实现佛山全市 4368 回 10kV 公用环网线路自愈全覆盖。2021 年，自愈成功 90 次，自愈用时约 1min，减少故障用户 4064 户（占比 46.29%），减少停电时间

0.14h。实现无人机自动驾驶巡检全覆盖。无人机 232 架，规划航线 7719km，机巡里程 21469km，发现缺陷 3288 项。建成 385 个智能电房（台架）并接入南方电网监控系统，实现设备状态、运行数据、环境状况在线监测和主动告警，代替重复性人工巡视，指导靶向检修开展，年减少 3465 次现场巡视，节约 3465 个工时。

并且在智能用电方面，南方电网打造数字化需求侧管理平台，实现数据全采集和传输，将数据信息化并进行有机互联、融合，基于电网数字孪生平台，建设现代供电服务体系，构建满足用户多元需求的用电用能产品体系。"十四五"期间，南方电网在智能用电方面，加快推动"新电气化"进程，促进电能占终端能源消费比重和能源利用效率持续提升。积极推进电力需求响应，促进电动汽车充电基础设施发展及车网互动，推动智能家居与智能小区建设。

如深圳前海智慧园区能源项目，利用智慧储能、有序充电、需求响应技术，预计实现每年发电 1.4×10^5 kWh 覆盖园区用电需求，年减排二氧化碳约 140t，实现绿色低碳智慧园区。园区建设了光储充一体化系统，建设光伏停车棚、储能系统、充电桩，并对园区食堂进行气改电优化能源结构，实现园区用能全部由清洁能源自给自足。

4. 电碳耦合关键技术及应用案例

围绕强化电力市场与碳市场的耦合衔接，统筹设计电、碳等市场机制，服务绿色低碳发展目标，系统开展电碳经济支撑技术研究，利用电力数据近实时性、高可靠性、对接面广等优势推动电力市场、碳交易市场、用能权市场协同发展。突破以电碳流分析为基础的电碳核查、电碳计量和电碳认证技术，实现碳排放的精确核算和认证。攻克电碳监管、评估、预测及优化技术，实现电碳资产量化管理与价值发掘。研究电—碳市场价格形成机制，掌握电碳经济仿真技术，开发支撑电碳核算、监测、监管、交易等平台。"十四五"末期，形成具有自主知识产权的电碳耦合领域技术体系，支撑构建以数字电网为载体的碳计量基础设施建设，初步搭建电碳生态系统服务平台，畅通电力流、信息流和价值流，全面提升南方电网在电碳经济领域的影响力。

（1）电碳耦合关键技术。

1）"双碳"背景下电碳经济关键技术。包括开展面向"双碳"目标的电碳核算技术研究，电碳资产管理机制研究，电—碳市场耦合技术研究，电碳经济平台支撑技术等。

2）"双碳"背景下电力市场关键技术。包括以新能源为主体的电力市场交易机制研究，开展新能源相关的电价形成机制研究，突破适应高比例可再生能源接入的电力现货市场国产化出清技术，开展新型电力系统下多元市场主体的运营机制及商业模式研究等。

（2）电碳耦合关键技术应用案例。

2021年，南方电网深圳供电局上线南方电网首个"双碳大脑"。该系统致力于挖掘电、煤、气、油等用能数据，实现基于能源大数据的科学分析与决策，服务政府、企业能源管理能力提升，推动构建以新能源为主体的新型电力系统。

"充分发挥数据要素作用，以数据赋能新型电力系统建设，是南方电网深圳供电局践行'双碳'战略、融入和服务'双区'建设的重要举措。"南方电网深圳供电局创新与数字化部总经理吕志宁表示，该局基于物联网、大数据技术，构建深圳能源大数据中心，结合南方电网新一代数字电网运营平台"南网智瞰"，对内采集全市300多万用户的用电数据，对外积极对接市政府政务数据共享交换平台，旨在汇集电、煤、气、油、GDP等海量数据，体现数据多元性、指标权威性等特征。

这些数据经分类、整理后形成数据产品，为"双碳大脑"计算各指标提供了数据基础。凭借该局在南方电网五省区率先实现自动化设备实时采集数据的功能，"双碳大脑"可以实时感知各级用户碳排放情况。

第二节 面向深圳电网生产经营需求的关键技术

南方电网深圳供电局在解决深圳电网在生产、运营中的应用型关键技术问题，进一步增强电网资源配置、安全控制、智能互动技术能力，不断提升用电服务水平，支撑深圳电网安全、稳定、高效运行。主要从电网规划与运行领域、输电领域、变电领域、配电领域、用电领域、电网建设与供应链、新一代信息与通信技术、电网其他支撑技术8个主营业务领域提出应用型研究技术，解决生产经营实际运作和科技创新支撑中的关键问题。

1. 电网规划与运行领域

（1）电网规划与运行领域研究。

1）新型电力系统源网荷储灵活统一规划方法研究。包括城市电网负荷预测及负荷曲线变化研究，考虑大容量直流接入的主网规划研究，适应不确定性的电网灵活性规划方法研究，电力现货市场环境下的深圳电网规划方法研究，基于缺供电量和电网风险评估的主网架比选研究，大电网风险评估与规划方法研究等。

2）"双碳"背景下智能配电网规划技术研究。包括数字化背景下超大型城市电网形态格局及规划技术研究，考虑分布式电源与微电网等有源接入的城市配电网规划研究，考虑电动车等规模化新型负荷影响的配电网规划研究，面向多能互补与能源综合利用的配电网规划研究，超大型城市配电网友好接入与环境友好技术研究等。

3）电网智能规划决策技术研究。包括完善规划信息系统数据归集功能，规划可视化模块与沙盘技术，大数据技术支撑负荷预测分析，规划方案自动计算模块，超大容量地下输电新技术应用研究，特殊型式变电站应用技术研究，高比例电力电子化城市电网仿真分析与运行控制技术，高比例电力电子化城市电网建模与仿真研究，高比例电力电子化城市电网稳定机理与分析方法研究，高比例电力电子化城市电网宽频振荡机理与抑制方法研究等。

（2）电网规划与运行领域应用案例。

南方电网深圳供电局服务"双碳"目标"双区"建设。"十四五"期间，南方电网深圳供电局以打造"比肩世界一流城市的深圳城市电网"为目标，不断提高电力保障能力，推动深圳"双碳"目标走在前列，服务"双区"建设。

2021 年，深圳供电负荷密度达到 $1.02 \times 10^4 kW/km^2$，位居内地大中城市首位。与此同时，深圳电网关键核心指标实现突破增长，世界一流企业显著特征更加凸显。主网建设方面，投产容量、新建变电站数量均创近 10 年新高，基本建成国内领先保底电网并率先通过国家能源局评审。配网建设方面，建成后海商务总部高品质供电引领区，客户年平均停电时间仅 0.48min，达世界顶尖水平；在负荷连创新高的大背景下，度夏期间没有发生因公共变压器重过载导致的频繁停电和客户用电受限情况；初步实现配电网智慧运维可视化，全年累计减少停电时户数约 2.52 万时户。

"十四五"时期是深圳全面建成现代化国际化创新型城市的关键时期。南方电网深圳供电局规划总投资 470 亿元，较"十三五"时期增加约 36%，服务深圳基础设施高质量发展。其间，深圳电网规模将进一步扩大，规划投产 110 座变电站，全力支持深圳"20＋8"产业集群、20 个先进制造业园区高质量发展，全面提升电力供应保障，推广高品质供电技术应用，低压客户平均停电时间低于 10min，达世界领先水平。

南方电网深圳供电局还将全力推动电网发展更绿色、更智能。到 2025 年，深圳全市电源装机达到 $2.033 \times 10^7 kW$，清洁能源装机占比约 90%；推动智能家居与智能小区建设，加快电动汽车充电基础设施建设，大力推广电能替代，服务深圳市"双碳"目标。同时，南方电网深圳供电局加快推动十大新型电力系统应用场景落地，新建变电站智能化占比 100%，110kV 及以上线路实现无人机智能巡检全覆盖，力争到 2025 年，全面建成深圳新型电力系统示范区。

2. 输电领域

（1）输电领域技术。

1）输电智能巡检技术。包括输电线路无人机智能巡视关键技术、输电设备智能巡检数据分析处理技术、输电设备智能巡检算法诊断技术、输变电设备三维可视化管理研究、线路智能巡检关键装置研制等。

2）先进材料及装备技术。包括复合绝缘子均压环电场仿真试验研究及优化设计、输电线路铁塔智能传感关键技术、电缆终端监测设备自组网关键技术、数字智能电缆隧道关键技术、GIL 输电关键技术、复合先进材料抗老化及防腐技术、复合先进材料应用技术等。

3）输电线路防灾减灾技术。包括电网自然灾害预测技术、电网自然灾害检测预测技术、电网防灾措施技术、电网灾害应急措施技术等。

4）高压电缆及金具运维关键技术。包括 110kV 硅橡胶绝缘预制/冷缩式电缆接头状态评估技术、沿海等典型环境下金具发热及锈蚀机理研究、高压电缆终端爆炸事故热场阈值分析及预警技术、电缆线路带电局部放电检测仪测试技术、高压电缆故障定位探测技术、高压电缆绝缘老化诊断与修复技术、高压电缆运维关键技术等。

（2）输电领域技术应用案例。

深圳市输电架空线路已实现在线视频 100%全覆盖。对无法进入"三区"区域巡视的线路，南方电网深圳供电局工作人员每天在办公室电脑上，通过杆塔上的高清摄像头，远程实时关注线路杆塔基础边坡、是否挂有外飘异物、是否有大型机械施工等外部环境情况，对现场回传的数据进行分析研判。对"三区"内的重点线路，南方电网深圳供电局还安排无人机对复合绝缘子、金具等开展红外测温和精细化巡视，确保线路缺陷及时处理，图 13-2 为南方电网深圳供电局工作人员在对电力线路进行红外测温。

在电网的大后方，变电站内，南方电网深圳供电局也做好了周密的部署，充分利用智能手段科学防疫。在深圳鹏城巡维中心，工作人员可以足不出户，通过智能 AI 算法，对远程获取的辖区内变电站智能终端的数据进行分析判断，远程即可完成巡视任务，减少了运维人员外出的接触。春节期间，深圳石岩街道被划为封控区，鹏城巡维中心辖区内 110kV 石岩变电站和 110kV 水田变电站就在该区域，鹏城巡维中心充分利用远程巡视的优势，实时对站内设备进行监测和评估，确保站内安全稳定运行，为封控区可靠供电提供了有力支撑。

图 13-2 南方电网深圳供电局工作人员在对电力线路进行红外测温

3. 变电领域

（1）变电领域技术。

1）变电智能运检技术。包括变电站运检智能机器人关键技术、变电设备智能检测技术、变电站智能作业技术、变电站状态监测感知与预警评估关键技术、基于大数据的配变近中期负荷预测及设备故障态势感知技术、变电站智能检修特种装备技术、变压器局部放电箱体内超声波传播规律的试验和 EFPI 光纤超声传感器测点配置方案、EFPI 光纤超声传感器及安装方式的设计与开发、故障模式的识别与严重程度试验、故障诊断软件和在线监测系统、变电站智能运检基础支撑技术、变电站智能安全管控支撑技术等。

2）变电 VR、MR 技术。包括 GIS 自主安装 VR 培训技术、GIS 自主安装方案仿真与评价平台、MR 工作辅助研究、大视频流 5G 网络传输技术、生产与管理互动功能等。

3）智能变电站技术。包括智能变电站二次设备关键技术、智能变电站传感关键技术、智能变电站保护关键技术、智能变电站防误闭锁关键技术、智能变电站智能决策技术等。

4）电力设备绝缘技术。包括电力装备绝缘仿真与应用研究，油浸电力设备绝缘状态介电响应关键技术，变压器、电抗器绕组轻微变形检测关键技术等。

（2）变电领域技术应用案例。

"按照传统，GIS 设备安装由厂家操办，员工对设备的掌握局限于消缺、维护，无法洞察全貌，基建、扩建甚至设备运维就容易囿于厂家'画出的小框框'内。"南方电网深圳供电局变电管理二所检修部专责肖洋表示，自主安装 GIS，有助于员工掌握核心技术，更好地管理设备。

兴怀变电站位于深圳前海，是连接妈湾电厂和深圳电网的关键枢纽。依据 GIS 设备厂家提出的扩建方案，兴怀变电站逐个间隔对接安装需要全站停电 20 余天，这将使妈湾电厂窝电 30%，大量电能因无法输送而浪费，深圳电网也将可能处于引发二级事件的风险中。

综合考虑系统风险影响后，南方电网深圳供电局变电管理二所自主设计了设备安装方案，拟定了在不停电情况下开展 GIS 主体安装并整体无缝接入系统的工作方案。该方案仅在 GIS 设备整体入网接火时申请双母同停各 6 天，最大限度地将停电影响降至最低，较厂家方案更优化。

新方案对电网的影响小了，对设备的安装工艺却提出了极高的要求。设备新建还好，扩建就难了。原因有两个方面：一是扩建对安装精度要求高，偏差必须控制在 2mm 内，否则将对接不上甚至留下隐患；二是对接试验需要停电配合，稍有差池便会使停电时间和系统风险延长，对安全稳定供电造成麻烦。

把敲定的方案拿给厂家看，厂家说不可能做到。南方电网深圳供电局变电管理二所检修部工作人员决定进行 GIS 自主安装。

扩建工程于 2019 年 7 月 31 日正式启动。为保证自主安装顺利开展，南方电网深圳供电局变电管理二所优选技术带头人及工龄 3 年以上的骨干共 65 人，成立 5 个专业小组，激发创新智慧，采用自主研制装置和先进科技手段，保证设备安装质量，确保不"带病"入网。

首次自主安装既是挑战，更是难能可贵的实战机会。专业小组自 3 月便开始了充实而紧张的求学之路，南方电网深圳供电局相关人员赴广东电网有限责任公司东莞供电局调研自主安装技术，并赴兴怀变电站 GIS 设备厂家脱产培训 15 天，考取检修许可证书，具备了在厂家指导下开展 GIS 设备安装的资质。同时，开展多专业研讨和现场推演，编制 GIS 自主安装施工方案、作业指导书及作业表单等整套方案共 230 多页。

照搬厂家技能还不够，项目成员开启头脑风暴，攻克了一个个"拦路虎"。设备安装精度要求高，他们就自创激光定位装置，搭配水平仪、铅垂线与红外测距仪，将偏差控制在 1mm 内。设备内部不能存在微小杂质，他们就采用高端内窥镜检查对接面和安装死角，保障清洁无异物。

特别针对安装环境对空气洁净度和湿度的要求高，南方电网深圳供电局变电管理二所模拟工厂化安装环境，研究搭建了具有风淋系统和空气净化处理装置的防尘棚，并配置空气洁净度检测仪和温湿度计实时检测，保证作业洁净度达到 9 级、湿度控制在 80% 以内。可以说，这比厂家现场安装所能实现的安装质量更好，大大降低了灰尘杂质进入设备的概率，减少击穿放电或日后形成隐患的可能性。

此次，还尝试采用 VR、MR 技术（3D 虚拟现实）对安装过程进行记录和重现，创新培训模式。

4. 配电领域

（1）配电领域技术。

1）自愈型城市配电网关键技术。包括自愈型配电网规划组网技术、自愈型配电网运行控制技术、集中式自愈与智能分布式自愈协同运行技术、自愈型配电网关键设备及平台研制、自愈配电网调控管理技术等。

2）复杂配电网仿真分析技术。包括复杂配电网精细化建模技术、大规模配电系统电磁暂态高性能计算关键技术、复杂配电网特性分析方法、基于 IRT 的智能配电网主站 AI 机器人技术、基于大数据挖掘的智能配电网方式机器人技术等。

3）智能配电网运行控制及运营管理技术。包括高级配电自动化与智能运维检修技术、DFACTs 等电力电子设备广域协调控制技术、配电网运行控制与管理技术、配电网状态先进传感与主动感知技术、配电大数据分析与应用技术、配网自动化程序化控制关键装备、智能配电网仿真及试验检测技术等。

4）配电网故障诊断与自愈控制技术。包括高渗透率分布式电源下配电网多类型故障诊断技术、配电网弧光高阻单相接地故障快速检测与预警技术、智能配电网故障诊断技术、基于 5G 技术的分布式配电网智能保护自愈技术等。

（2）配电领域技术应用案例。

为提升电网可靠性，近年来南方电网深圳供电局围绕"线路配电自动化开关设备高密度覆盖＋光纤传输高稳定通信"模式打造自愈型电网，推进配电自动化三遥（遥信、遥测、遥控）开关建设，实现远程监测、操作功能。

自愈型电网的核心就是减少停电时间、提升复电效率。过去，运维人员收到工单先要抵达现场研判故障区段，继而进行供电切换，恢复非故障区段供电。现在，线路发生故障时，自动化主站行使"大脑"的职责，根据终端上传的信息研判电网故障情况，向相关智能开关"发号施令"，隔离故障位置并转供电能，实现电网自愈，自动化主站便可以完成故障判断和开关操作。

线路发生故障后，深圳电网自愈系统精准隔离故障区域并恢复非故障区域供电。图 13－3 为调度人员查询电网自愈相关记录。

图 13－3　调度人员查询电网自愈相关记录

一组数据直观反映了深圳自愈型电网的强大功效。2022 年，深圳市意外停电用户中约 70%通过自愈配电网实现了快速复电，平均复电时间由传统人工方式的 2h 降低至不足 2min，复电时间减少约 98%。

中国最大的半导体封装测试生产企业——深圳赛意法微电子有限公司（简称赛意法）的孟经理对自愈型电网深有感触："虽然我们企业在深圳市的生产成本相对较高，但之所以坚定地留在这里，主要是供电质量让我放心。微电子产业生产需要连续供电，生产线停电一秒钟便会造成上百万元损失。这两年，我几乎感知不到停电，赛意法在深圳拥有良好的生存环境，这是其他地方所无法比拟的。"

5. 用电领域

（1）用电领域技术。

1）用电信息采集与计量技术。包括智能计量关键技术、用电信息采集装置关键技术、大数据应用技术、智能用电支持技术、防窃电关键技术等。

2）电力营销服务技术。包括数字化驱动的高电能质量与客户增值服务关键技术，电力数据商业化运营技术，电价及营销模式关键技术，优质服务及营业厅建设技术，大数据应用技术，基于区块链、机器学习等先进技术的电力结算系统，行业客户画像关键技术，行业客户用电数据采集关键技术，行业客户用电模式提取关键技术，行业客户用电关系图谱构建关键技术，行业客户需求侧响应潜力评估关键技术，智能客服技术等。

3）电能替代技术。包括电能替代关键技术、能效分析关键技术、建筑及家庭节能关键技术、电能替代关键装置研制等。

4）建筑电气安全技术。包括故障检测和辨识技术、电力装置检测程序技术等。

5）需求侧响应关键技术。包括需求响应互动技术、需求响应调控技术、智能用电响应机制技术、综合供用电技术、源荷储智能互动技术、源网荷储协同运行关键技术、分布式电源准入容量评估技术、基于云平台的分布式电源管控平台开发等。

（2）用电领域技术应用案例。

2021 年，全国首个承载 5G 电力专用核心网的 I 型集中器已在深圳投运，开启了电力行业"计量＋5G"的篇章。

作为计量自动化终端家族的一分子，I 型集中器主要用于采集低压电能表数据，可与计量自动化终端的控制中枢——计量主站保持双向通信。此次，5G"加持"的 I 型集中器搭载业内领先的 5G 通信模组，即 5G 基带芯片、射频、存储、电源管理等硬件整体封装，具备 5G 电力专用核心网的传输能力。

"我们与中国移动深圳分公司根据电力业务特性联合部署了这张 5G 电力专用核心网。相较 4G，它最大特点就是划分出 2 类 5G 切片，分别为电网生产业务和管理业务提供专属的数据传输通道，安全性更高、速率更快、稳定性更强。"据南方电网深圳供电局电力调度控制中心通信管理部龚立宽介绍。

5G 电力专用核心网满足未来计量业务对大容量、低延迟、高可靠性的要求，助力实现大规模、多样化的数据采集和用电负荷特征感知等应用。

6.电网建设与供应链领域

（1）电网建设与供应链领域技术。

1）电网建设技术。包括基于建筑信息模型（Building Information Modeling，BIM）的数字化电网建运一体化模型与体系、电网建设工程配电侧负荷转移方式应用技术、电站扩建工程一次设备对接绝缘测试关键技术、电网工程三维设计标准体系、数字化电网设计建模技术、数字化电网三维设计技术、电网数字化仿真技术、基于人工智能的电网建设与检测技术、智能变电站组网验收关键技术、智能化电网施工关键技术、智能变电站典型设计方案研究、"多站融合"

新型智能变电站建设技术、城市地下绿色变电站关键技术、电网装配式建设标准化相关技术等。

2）预装式智能化配电房技术。包括智能型配电房的可预装式模块化结构技术、智能型配电房的电气集成化信息与通信、移动互联网及物联网技术在智能型配电房的应用技术等。

3）供应链关键技术。包括电网物资智能化关键技术、物资质量管理关键技术、大数据及人工智能在物资管理应用关键技术、供应商履约数据分析与履约风险研判等。

（2）电网建设与供应链领域技术应用案例。

南方电网深圳供电局携手中国联通深圳市分公司运用"5G 用户前置设备＋智能网关"模式，率先在南方电网试点"5G＋智能配电房"。5G"大带宽、低时延、广连接"的特性，加速了配电房内各类信息的采集上传。

这是南方电网深圳供电局智能配电房规模化应用的又一成果。自 2018 年开始建设以来，深圳智能配电房已升级至第 4 代；截至 2021 年 3 月，深圳市已有1774 座智能配电房，覆盖 1824 个台区、7600 个户内和户外低压分支，建成量和覆盖面在南方五省区中均属最多。南方电网深圳供电局通过自主研发的智慧能源网关（简称网关）、智能云平台，已初步实现配电房电气、环境及设备状态监测全覆盖。低压配网全业务的管控体系不断完善，管理更高效，服务更精准。图 13－4 为供电人员调试低压智能台区监测装置。

图 13－4 供电人员调试低压智能台区监测装置

"结合运维实际不断迭代升级，是智能电房得以规模化应用的基础。网关是这代智能电房的"侦察兵"，也是特色所在。以前，通过安装在电房内的一体化终端来监测周围环境，但它占地面积大，且大部分配电房不具备安装条件。如今，小巧的网关无论是外观形态还是接线方式，都与三相电能表一致。计量管理部门按照计量拆装换标准及系统调试体系，对网关进行到货检验、安装、建档、运维，管理质效大大提升。

南方电网深圳供电局以网关为核心搭配使用多种传感器，实时监测记录设备状态、环境、安防等数据指标。特别是，以前只能监测到智能配电房内的情况，现在凭借网关的强大通信功能，"侦察"范围延伸到户外低压分支与电表。这不仅有助于我们更加精准地判断低压客户供电情况，而且对贯通低压业务全链条数据、绘制低压拓扑关系具有重要意义。图 13-5 为智能配电房内的巡检机器人。

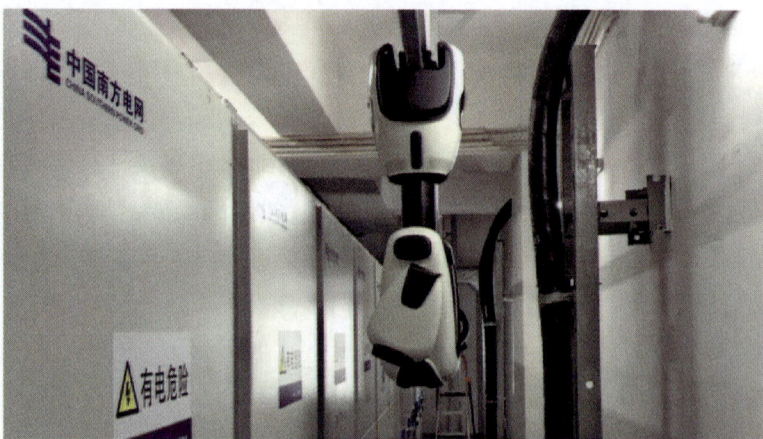

图 13-5 智能配电房内的巡检机器人

网关及传感器所监测到的数据指标，最终由"智慧大脑"——智能云平台实现应用分析，这也是深圳智能配电房的另一亮点。智能云平台已实现设备运行风险告警、故障停电判断告警，以及低压接入方案辅助决策等场景应用。2020年上线以来，运维人员主动处理停电告警问题 7 次、重载及高温告警问题 56 次，支撑南方电网深圳供电局低压配电网全业务管控体系不断完善。

在支撑事前主动运维能力方面，根据智能云平台显示的重过载、三相不平衡、温升变化等设备运行风险，供电人员开展差异化运维、预试定检及技改大修，清除人工巡视的盲区。在提升事中抢修效率方面，"智慧大脑"精准捕获用户停电位置和故障原因，并主动发信至设备运维主人，实现低压故障处理从用户报障抢修向主动抢修转型；同时，通过台区负荷的横纵向比对，以人工智能分析算法为支撑，为业扩、调荷提供辅助决策。在完善事后决策分析方面，"智慧大脑"根据台区设备历史运行数据曲线，结合客户投诉、投运年限、巡视及维护记录等信息，按照全生命周期管理思路理清台区问题，实现系统业务数据的整合。

未来，南方电网深圳供电局将加快 5G 技术、物联网技术与智能配电房业务的深度融合，以智能云平台为载体全方位升级数字化支撑平台，提升末端供电服务水平。

7. 新一代信息与通信领域

（1）新一代信息与通信领域技术。

1）IT 生态技术全栈国产化技术。包括全栈国产化数据中心、全栈国产 AI 平台、全栈数据中台、国产化操作系统适配验证、基于鲲鹏资源池的国产化大数据平台和数据库、业务应用国产化适配等。

2）新一代电网信息技术。包括信息系统集成关键技术、大数据在信息系统应用技术、基础应用开发平台技术、统一数据开发平台技术、基于云边协同的智能台区管控技术、数据中台关键技术研究、大数据安全技术、基于人工智能的电力算法技术、区块链技术、输电塔联网技术、输电电缆监测技术、变电站智慧微云技术、智能配电信息技术等。

3）新一代电力通信技术。包括中低压宽带载波技术，基于边缘计算的物联网接入技术，电力无线网技术等。

（2）新一代信息与通信领域技术应用案例。

近年来，南方电网深圳供电局以"全栈国产化及提升国产化水平"为目标，与华为深入合作，加速推进国产化技术应用于电网业务。

一是在技术上采用了华为全栈国产化 ICT 技术，包括底层的网络、存储、服务器、芯片，以及中间件层的数据库、操作系统。为了解决系统难以迁移到国产化平台及有效实用化的难题，研发了 XTR（X86 to ARM）应用移植组件，构建国产化适配模式，对 8 大类国产化软硬件产品开展兼容性测试，并完成 200 余项适配性改造工作，已完成了智慧输电系统、协同办公系统的全栈国产化迁移。

二是针对电网核心业务开展智能化应用建设，涵盖输电、变电、配电等领域。面向全业务场景，在输电巡视、智能变电站、智能配电房等方面，与"云＋5G＋AI"新技术结合应用，实现了机器代人的智能化应用场景。

三是持续深化国产化生态的实用化，将更多的业务系统迁移到国产化平台。同时，通过不断持续的运营推进功能应用迭代升级，形成国产化生态的良性循环。

南方电网深圳供电局在电网业务领域广泛运用了 AI 技术，包括输电、变电、配电等领域。目前，AI 运用效果最好的是输电巡视作业。传统需要人工现场发现缺陷和隐患。现在，运用华为的 AI 全栈技术，采用具备图像识别、边缘计算能力的智能摄像头、无人机、传感器等，通过 AI 自动帮助我们发现缺陷和隐患，巡视作业效率提升了 80 倍。

电网业务领域在机器人控制、配电网差动保护、高清摄像头上运用了 5G 技术。对于电网而言，最有效的应用是在配电网领域运用了 5G 的通信技术，主要解决配电网差动保护的网络通信问题。

电力系统中发生故障或异常情况时，需要通过保护装置对故障部分隔离、切除，以保护电网和设备。保护装置对通信响应实时性的要求非常高，传统的做法需要通过光纤实现装置的实时通信，这需要现场布线，且施工布线成本高。

而采用 5G 技术，既可以减少布线成本，又可以通过 5G 低时延的特性，实现毫秒级的响应实时性，满足电网保护的技术要求（延时平均 8.5ms）。尤其在配电网领域，存在电力设备点多、面广的情况，运用 5G 技术代替传统光纤通信，有很可观的效益。另外，还采用了 5G 的网络切片技术，保障了电网传输通信的网络安全。

南方电网深圳供电局推广"云＋AI＋5G"的策略包括搭建基础平台，与业务深度融合，与合作伙伴共建共创三个方面。

一是要搭建基础平台。AI、5G 等新技术不是单一的应用功能，还需要有配套的平台支撑和运营，包括人工智能平台、物联网、数据中心等。搭建基础平台的关键是要有全栈的解决方案，全栈的好处是可以保证架构的一致性、完整性，以及可以实现"云边端"协同的高级应用。例如，我们采用华为全栈 AI 技术，可实现从后台的人工智能平台把算法推送到前端的 AI 芯片。

二是与业务深度融合。针对行业特点制订解决方案，特别是要和业务场景进行深度融合，基于全栈国产化技术，面向输电、变电、配电全场景开展应用创新，实现"全栈全场景"的深度结合。

三是与合作伙伴共建共创。AI 技术非常多，且在日新月异地快速发展，需要有平台级的龙头企业，才能形成规模化、可持续的技术投入和业务赋能。因此，要与业界主流厂家合力构建产业联盟，打造合作伙伴生态，否则难以持续促进技术的迭代升级和落地应用。

南方电网深圳供电局通过打造"云＋5G＋AI 构筑智慧电网"的先行示范样板，对其他电网企业或其他行业建设智慧应用，具有引领示范作用和重要参考意义。

8.电网其他支撑技术

（1）电网投资决策分析评价。包括管制业务投资决策技术、非管制业务投资决策技术、投资成效动态监测预警技术、资源投入与核心产出联动方法模型等。

（2）科技创新与成果管理。包括创新规划与评价技术，创新项目、团队与平台管理技术，科技成果与数据资源培育、评估与交易关键技术等。

（3）电力知识与情报管理。包括电力知识管理机制与标准规范研究、建立基于人工智能的电力知识库、情报管理关键技术等。

<<< 第五篇

展望篇

第十四章 总结与展望

第一节 综合研判科技创新发展现状

1. 国家宏观政策要求公司通过创新发展实现转型升级

国家强调创新在我国现代化建设全局中的核心地位。《中华人民共和国国民经济和社会发展第十四个五年发展规划和 2035 年远景目标纲要》（简称"十四五"规划）把科技自立自强作为国家发展的战略支撑。《国家创新驱动发展战略纲要》对推动以科技创新为核心的全面创新进行战略性、全局性、长远性系统谋划，进一步巩固了创新对提高我国社会生产力和综合国力的战略支撑作用。

构建一流用电营商环境对电力服务品质提出新要求。电力是关系国计民生的基础性产业，优化电力营商环境对实现高质量发展至关重要。南方电网需要持续优化营商环境，全面提升"获得电力"指标，进一步提高办电效率，降低用电成本，加强政企联动，推行在线化、数字化、自动化办理流程，不断提升客户服务质量与服务效能，实现客户服务智慧化、高效化、精细化。

创新驱动南方电网高质量发展任务迫切。全国各地"双碳"行动计划陆续出台，大量新能源接入加速了能源结构转型，电力电子化设备占比愈来愈高、可再生能源比例持续增大，加速了电网向智能化、数字化转型升级，促使能源产业链上下游协同互动关系愈加紧密。南方区域电网未来的"两高一化"（高可靠供电、高品质服务、全绿色动力）趋势更加明显，对电网调节能力、电网的建设与维护提出了更高的要求，一系列关键问题亟待解决，关键能力有待提升。

区域协同发展为技术创新提供新机遇。国家大力推进"一带一路"建设、粤港澳大湾区建设、深圳先行示范区建设、海南自贸港建设、新时代西部大开发等，为南方电网开展科技创新工作提供了地缘优势、政策优势、人才资源，也为新兴业务、产业金融商业模式创新带来市场需求和拓展空间。

产业升级转型拓宽业务和商业模式创新空间。国家加快发展现代产业体系、布局战略性新兴产业，互联网、大数据、人工智能与能源行业深度融合，为新兴业务、产业金融商业模式创新带来市场需求和拓展空间。

全面深化改革，激发管理创新变革活力。国家实施国企改革三年行动、双百及科改示范行动，鼓励做大、做优、做强国有企业，激发国有企业活力，为南方电网管理变革创造了良好的条件。

2. 外部环境变化带来一系列创新挑战

科技创新日益成为引发国际格局和治理体系重构的核心变量。21世纪以来，全球科技创新已进入空前密集活跃的时期，新一轮科技革命和产业变革正在重构全球创新版图、重塑全球经济结构，习近平总书记特别强调，"关键核心技术是要不来、买不来、讨不来的""只有把关键核心技术掌握在自己手中，才能从根本上保障国家经济安全、国防安全和其他安全""我们要有自主创新的骨气和志气，加快增强自主创新能力和实力"。

科技创新外部环境复杂。以数字化、网络化、智能化为核心特征的第四次工业革命，融合了信息、智能制造、生命、材料等众多科技，正在也必将带来人类社会的重大变革和全球产业竞争格局的深度调整，蕴含着巨大的技术红利和发展契机，然而经济全球化遭遇逆流，发达国家对我国的技术封锁日趋严格。

关键领域"卡脖子"问题亟待解决。电力芯片、高端电力装备元器件、系统实时仿真软件等关键设备材料、零部件和关键技术仍受制于人，存在一定封锁禁用风险，需要加速推进国产化替代进程。

创新引领能力与前瞻探索需求不匹配。在新型储能、电力系统智能化等领域缺少引领和未来技术变革方向的核心技术，亟须加强基础前沿研究和源端技术研发，加快突破基础理论、高性能材料、高端器件等核心技术，尽快抢占技术制高点。

支撑"双碳"目标实现和新型电力系统建设的技术体系尚未形成。新型电力系统呈现明显的"双高"（高比例新能源接入与高比例电力电子设备应用）、"双波动"（供给侧和需求侧均具有波动性）、源网荷储高效协同、数字系统将与物理系统深度融合等新特性，亟须对新型电力系统基础理论和关键核心技术开展深入研究，以科技创新推动电力领域自主创新和技术进步，尽快形成具有自主知识产权的新型电力系统关键技术与标准体系。

新兴业务市场竞争挑战不断增加。新型电力系统建设进一步推动新能源行业与互联网、大数据、人工智能等行业深度融合，产业政策频繁推出，跨界竞争者不断加入，新进入中小企业呈百花齐放态势，来自新进入者的挑战与日俱增。

产品和商业模式升级需求迫切。产业技术条件快速迭代更新、跨界融合发展推动核心竞争力多元化发展，要求南方电网加速产品研发以维持竞争优势。商业模式创新发展不平衡、不充分的问题依然存在，地区间商业模式创新空间存在差异，部分地区市场空间有限。平台经济和平台业务成为推动综合能源服务转型升级的重要突破口，新基建零散报装、临时用电等倒逼南方电网升级商业模式。

3. 能源转型为南方电网创新发展带来新机遇

能源行业转型提升创新价值。践行碳达峰、碳中和战略，能源是主战场，电力是主力军。新型电力系统的构建将引发能源电力行业产业形态、体制机制、理论技术等全局性的变革，这是实现"双碳"目标的必然选择，是"双碳"约束下国家对电力行业的总体要求和指引，为我国能源技术创新发展指明了方向。

"双碳"和新型电力系统目标的提出，为创新工作提供了方向性指引。电力在缓解我国油气对外依存度、保障能源总体安全方面的作用日益凸显，技术创新对实现"双碳"目标至关重要。践行"双碳"战略、建设新型电力系统、打造原创技术策源地的要求，为公司开展创新工作提供了方向性指引。

新型电力系统建设拓展南方电网服务边界。发电侧，新能源并网需求旺盛，分布式资源可观可控可测需求迫切，为南方电网服务内容创新提供了舞台。负荷侧，新电气化推进全面加速，用户服务需求愈发多元化，需求侧响应技术快速发展，产销者的出现使客户关系更加复杂，给南方电网服务方式和服务理念带来更多创新空间。

产业升级和能源转型为商业模式创新带来新机遇。国家加快发展现代产业体系、布局战略性新兴产业，互联网、大数据、人工智能与能源行业深度融合，为新兴业务、产业金融商业模式创新带来市场需求和拓展空间；碳达峰目标碳中和愿景的提出、新型电力系统的建设，吸引了各行各业广泛参与，产业政策不断推出，新能源、储能、数字电网建设、节能环保、电动汽车等业务场景不断丰富，市场潜力加快释放，数字化时代，客户、数据、商业模式作为企业资产的作用愈发显著，有利于促进电网企业从传统的重资产企业转型，为新兴业务商业模式创新带来机遇。

4. 南方电网创新发展已有较好的基础

创新体制机制建设初具成效。初步构建起以科技创新为关键、以服务和商业模式创新为核心、以管理创新为保障的全面创新体系。

核心技术攻关能力和自主化率持续提升。以重大工程项目为依托，组织实施多项国家级技术攻关任务，其中昆柳龙直流工程和云贵互联工程等均实现核心设备、部件国产化，其中云贵互联工程自主化率达到了 100%。

高压直流输电等技术达到国际先进水平。南网首创的特高压柔性直流输电，攻克了混合直流输电技术、柔直换流阀可靠性技术，有力支撑了南方电网重大工程建设，其中，昆柳龙直流工程的投产，创造 19 项世界第一，扩大了南方电网在世界特高压直流输电领域的领先优势。

商业模式创新发展内外部资源丰富。南方电网客户数量众多，具有丰富的线上线下渠道，围绕输配电核心业务建设了大量资产，积累了大量的上下游供应商资源，作为大型央企具有较强的社会影响力。稳定现金流为商业模式创新提供有力资金支持，营业收入超过 5000 亿元，现金流规模大，拥有国家主权信用评级，可为商业模式创新提供有力的资金支持。

5. 综合研判

综合来看，经过"十三五"期间发展，南方电网以科技创新为关键、以服务和商业模式创新为核心、以管理创新为保障的全面创新体系初步建立，创新发展成效显著、基础良好。

"十四五"期间，南方电网必须准确把握发展环境和条件的深刻变化，落实人才强国战略、创新驱动发展战略，服务国家粤港澳大湾区发展战略、西部大开发战略、乡村振兴战略，坚持"战略引领、价值创造、求真务实、人才为本、自立自强、开放合作"的方针，面向国家重大战略、面向行业科技前沿、面向生产经营一线需求、面向人民高品质生活，完善科研体制，创新科研机制，统筹创新要素，激发人才活力，推动科研工作效率变革、动力变革、质量变革，持续深化推动科技创新、管理创新、服务和商业模式创新，加快建设创新型企业，使创新成为南方电网建设具有全球竞争力的世界一流企业的第一动力，使南方电网成为国家战略科技力量。

第二节　未来的发展思路与规划布局

1. 发展思路与目标

（1）指导思想。

"十四五"时期是我国全面建成小康社会、实现第一个百年奋斗目标之后，乘势而上开启全面建设社会主义现代化国家新征程、向第二个百年奋斗目标进军的第一个五年。以习近平同志为核心的党中央着眼全局、面向未来，坚持创新在我国现代化建设全局中的核心地位，把科技自立自强作为国家发展的战略支撑，要求深入实施科教兴国战略、人才强国战略、创新驱动发展战略，完善国家创新体系，加快建设科技强国。南方电网将推动改革创新，把科技自立自强作为"十四五"时期重要发展战略。深圳正努力打造粤港澳大湾区国际科技创新中心、国家综合性科学中心。这些外部环境为公司"十四五"创新工作发展指明了方向。

南方电网深圳供电局将坚决贯彻习近平总书记关于创新的系列重要论述精神，在南方电网的大力指导和支持下，围绕国家"碳达峰、碳中和"战略目标与公司建设具有全球竞争力的世界一流企业发展目标，深化创新体制机制改革，着力激发创新活力；推动关键核心技术攻关，构建以新能源为主体的新型电力系统；打造原创技术策源地，实现高水平科技自立自强；加强科技人才队伍建设，建设高层次创新平台；加快科技成果转化应用，促进创新链产业链融合；推动产教融合与开放创新，建设合作共赢的创新生态；着力补齐短板、锻造长板，打造创新型企业，建设安全、可靠、绿色、高效、智能的现代化城市电网。

（2）发展目标。

"十四五"期间，南方电网深圳供电局科研创新体制机制系统完备、运转高效，项目、平台、人才、资金等创新要素有效集聚，科技、管理、服务及商业模式创新协同发展。科技自立自强能力显著提升，具有重大行业影响力的创新成果竞相涌现，创新人才规模质量持续优化。创新链和产业链深度融合，开放合作的创新生态基本建成，国家创新型企业建设目标全面实现，使公司成为产业链"链主"、创新链"链长"企业。

到 2022 年，南方电网深圳供电局全面创新体系基本建成，科技、管理、服务、商业模式创新协同发展，创新质量和创新能力不断加强。公司科技创新指数达到 75 分，研发投入强度不低于 1.2%，创新项目投入强度不低于 0.5%，累计有效发明专利拥有数超过 470 项。"十四五"前两年，累计承担南方电网及以上重点科技项目不少于 30 项，获省部级（含南方电网级）及以上科技奖励不低于 60 项，新增南方电网及以上重点实验室不少于 1 个，管理创新项目获省部级（含南方电网级）及以上奖励累计不低于 10 项，新兴业务（含华睿丰盛）利润不低于 3.6 亿元。公司入选南方电网"科技人才库"不少于 5 人。

到 2025 年，南方电网深圳供电局全面创新体系有效运作，创新质量和创新能力达到行业先进水平，对行业进步与公司发展具有重大影响力的创新成果竞相涌现。南方电网深圳供电局科技创新指数达到 78 分，研发投入强度不低于

1.3%，创新项目投入强度不低于 0.6%，累计有效发明专利拥有数超过 800 项。"十四五"期间，累计承担南方电网及以上重点科技项目不少于 100 项，获省部级（含南方电网级）及以上奖励累计不低于 150 项，拥有南方电网及以上重点实验室累计不少于 3 个（其中，国家级重点实验室不少于 1 个）。管理创新项目获省部级（含南方电网级）及以上奖励累计不低于 25 项，新兴业务（含华睿丰盛）利润不低于 4.4 亿元。公司入选南方电网"科技人才库"不少于 10 人。

2. 发展展望

顺应社会潮流和国家发展需求，深化科技创新、管理创新、服务创新和商业模式创新，形成日趋成熟的创新驱动发展模式，展望"十四五"规划创新蓝图，赢得主动、赢得优势、赢得未来。

（1）发展趋势预判。

1）科技创新。习近平总书记提出推动能源技术革命的重要指示，并强调要抓住新一轮能源结构调整和技术变革趋势，建设全球能源互联网，实现绿色低碳发展。全球能源格局向清洁主导、电为中心转变。南方电网提出打造安全、可靠、绿色、高效的智能电网为发展愿景，建成清洁友好的发电、安全高效的输变电、灵活可靠的配电、多样互动的用电，以及智慧能源与能源互联网。先进输变电（特高压、柔性直流、超导输电等）、大电网运行控制、储能等电力技术不断创新突破。同时，电力技术将与人工智能、大数据、物联网、5G 等现代信息通信技术和控制技术深度融合，打造具有高度可控性、灵活性的智慧能源系统，实现多能互补、智能互动，满足用户各种用能需求。

2）管理创新。面对供给侧结构性改革、电力体制改革、国企国资改革交织推进，以及新兴技术快速发展的新形势，能源企业在管理上，要更加规范，消除短板，严控成本，实现企业发展从粗放向精益的转变；投资上，要精准、精细，力争"花小钱、办大事"，提升投资效率效益，确保资产保值增值。能源企业需转变管理观念，从偏好追求政绩的观念向承担盈亏责任的自我管理理念转变，从单一生产意识向追求经济效益的市场意识转变，从片面追求利润最大化向对社会发展、生存环境和用户负责的多元化目标转变。剥离企业不应承担的各种社会职能和政府职能，按照专业化社会协作的方向，分离服务部门等非生产主体。能源企业强化生产前的市场研究、经营决策、技术开发和生产后的产品销售、用户服务、广告宣传等经营职能，使企业组织结构具有高度适应市场经济的能力。能源企业积极引进先进的管理技术，促进企业管理的高度集约化和信息的共享，不断提高管理水平。

3）服务创新。随着经济转型持续升级，电力市场化竞争持续加剧，电力消费需求会向新兴产业、服务业和生活用能倾斜，更多市场主体参与市场竞争，终端用户的用电主动性日益凸显，电力市场趋于成熟，交易品种丰富，交易规则完善，交易市场范围扩大，增值服务将成为主要竞争方向，"云大物移智"等新兴技术将越来越多地应用到客户服务领域，客户服务水平将极大提升。南方电网深圳供电局作为能源央企子公司，其根本职责是为深圳地区经济社会发展和广大客户提供安全、可靠的供电服务，让客户满意，客户满意度是检验公司服务工作质量和水平的关键指标。未来，南方电网深圳供电局将利用和发挥大湾区核心引擎优势，主动接轨国际，对标国际顶尖供电服务，提供更加环保的供电服务、更为便捷高效的智能客户服务和共赢共享服务，建立"互联网＋电力服务"模式，实现数字化的客户管理和企业运营，使服务成为驱动公司价值创造的关键支柱。

4）商业模式创新。数字化时代，实体经济不断利用技术手段实现数据化和万物互联，商业结构发生了巨大改变，未来的商业模式也面临重构。预计到2025年，商业模式的发展趋势将包括平台模式、价值颠覆和跨界融合等。一是平台模式。进入数字化时代以来，平台模式突破了空间限制，实现了突飞猛进的发展，其核心作用是提供更广泛的连接。以阿里巴巴为例，通过整合信息流、资金流、物流等要素，取得了巨大成功，平台模式在未来将是赢者通吃的趋势。二是价值颠覆。越来越多的企业通过利用数字化或互联网技术，提升企业自身的生产、运营及内部管理效率，让产品和服务变得更简单、更便宜、更便捷。过去利用信息不对称优势赚取高额利润的时代难以持续，一些小公司利用新兴市场机遇迅速做大，数量级达到吸引主流市场的时候，便足以颠覆大公司，颠覆与被颠覆的案例将更加频繁地出现。因此，大公司在推陈出新、满足现有客户更高要求、提升利润水平的同时，必须关注新兴市场机遇，持续性与颠覆性的技术创新并重发展，实现价值颠覆。三是跨界融合。工业化时代强调专业化发展，很多企业的多元化尝试以失败告终，而随着数字化发展，数据成为行业的基本要素之一，将原来的壁垒和边界通通打破，近年来世界500强领先企业出现了越来越多跨界融合的成功典范，中国最强大的互联网公司（百度、阿里巴巴、腾讯）也是跨界的公司，跨界融合也将成为大型企业未来的发展趋势之一。

（2）公司发展展望。

1）科技创新。南方电网深圳供电局科技创新要遵从南方电网创新驱动发展战略要求，增强创新能力，促进新技术与各业务融合发展，强化科研、生产运营、产业间的纽带关系，为公司建成具有全球竞争力的世界一流企业提供强有力的科技支撑。"十三五"后期及"十四五"期间，南方电网深圳供电局将抓住能源革命与转型的重大契机，加快构建协同高效的"大科技"管理体系，深入推进产学研合作，重点布局智能配电网、综合智慧能源、数字转型、超导、储能等基础性、前瞻性技术研发与示范，持续产出重大科技成果；推动技术进步与装备升级，围绕机器代人、人工智能、5G、直流配电、电能质量提升等关键应用技术开展攻关，抢占技术制高点，大幅提高电网安全稳定经济运行水平、大幅提升劳动生产率，显著降低生产成本。

大力促进科技成果转化应用，支撑公司综合能源服务、大数据增值服务等新兴业务快速发展。大力推进"双创"工作开展，加快构建具有南网特色的"双创"示范基地，积极调动广大员工的创新动力，积极融入粤港澳大湾区国际科技创新中心建设，南方电网深圳供电局科技创新的行业影响力显著提升，基本形成粤港澳大湾区国际电力科技创新中心的架构体系，形成粤港澳三地持续推进科技创新合作的良好局面。

2）管理创新。建立现代管理体系，进一步深化精益管理思想，大力倡导工具理性和专业主义精神，坚持高质量发展，是推动公司由优秀走向卓越的重要举措和必然要求，也是公司"十三五"时期乃至更长一个时期的管理主题。尤其是当前经济新常态下，公司电量增速放缓，以及改革后企业盈利模式的转变都要求我们必须适应新形势下现代管理的要求，加快推动内部管理转型，优化以战略体系为引领、绩效体系为闭环、运营管控体系协同配套的科学管理体系，从而推动质量、效率、动力变革，提高全要素生产率。在"十四五"及以后，公司将持续深入推进管理创新工作，站在新的起点上，对标国际先进，持续改进企业管理，加快建成具有全球竞争力的世界一流企业。

3）服务创新。依托创新驱动，营销服务在价值传递中的核心作用将更加凸显。管理精益化将进一步深化，客户信息、客户消费大数据全抓取、全记录，跨行业客户信息共享共赢。营销数据质量常态化监控，数据存储、数据分析、业务应用实现一体化联动。营销管理实现标准化，业扩、电价电费、线损、计量、客户服务等业务管理制度、流程、技术规范和作业标准进一步完善。客户服务、计量管理集约化管理水平持续提升，业扩报装、抄表收费集约化管理持续加强，营销管理规范高效。市场化营销体系将进一步完善，南方电网深圳供电局在发电侧和售电侧充分发挥市场竞争的主导作用，管制性业务和竞争性业务协调发展，为市场主体提供无差异的供电服务和保底服务，市场化营销手段逐步完善，市场化售电业务和综合能源服务全面开展。

"互联网＋"客户服务将进一步发展，传统电力营销业务将全面实现网络化、智能化，人工智能、图像识别等技术逐步应用，网络服务、移动服务全面推广，竞争性增值服务业务向能源设备、金融服务、家居健康等跨行业领域转型发展，公司产业链、业务链与价值链不断拓展，公司竞争力不断提升。用电智能化技术进一步突破，"十四五"期间，智能电表将进一步升级，计量自动化功能应用进一步扩展，实时用电监测、智能用电控制技术基本成熟。营销管理信息系统、供电服务渠道平台、营销运营监控平台、移动作业终端实现信息化联动，为智能决策、远程操作及自动作业提供强有力的技术支撑。

4）商业模式创新。到 2025 年，南方电网深圳供电局将立足输配电核心，以平台为基础，以数据为支撑，推动能源产业价值链一体化整合，持续巩固和增强公司在能源行业中的枢纽地位，对内实现提质增效、增收节支，对外连接生产商、供应商、渠道商、产品、服务、消费者等商业要素，促进各参与方互利共生、协作创新，构建生态系统，不断创造新的经济增长点，成为国际领先的能源生态系统建设者、服务者、引领者，以及重要的价值链整合者、组织者。

大力推广电能替代，提升电能占终端消费比重，积极探索"四网融合""多能互补"等创新的商业、技术和服务模式；积极借助市场化售电平台，为客户提供多样化的增值服务；提升电力建设、生产运维检修等领域市场份额，积极参与国家"一带一路"建设、粤港澳大湾区建设，探索施工企业转型为电网服务企业。

3. 规划布局

"十四五"期间，南方电网深圳供电局将紧紧围绕建设具有全球竞争力的世界一流企业与安全、可靠、绿色、高效、智能的现代化电网发展战略，统筹布局源网荷储数字化技术、电力市场、电碳经济等领域的科技攻关，有力支撑新型电力系统、数字电网、本质安全企业、现代供电服务体系建设与"三商"转型、战略性新兴产业、融入与服务区域协调发展等公司重点战略任务实施，充分发挥科技创新在推动能源结构转型、电网服务升级、电力产业拓展、企业数字变革、管理提质增效中的核心引领作用。

基于公司前期研究基础、深圳城市和地域特点、南方电网战略发展方向、"双区驱动"发展机遇等因素，提出公司"十四五"时期重点攻关的新型电力系统电网侧关键技术、新型电力系统负荷侧关键技术、新型电力系统储能侧关键技术、数字电网运营关键技术、"双碳"与电碳耦合关键技术5大方面关键核心技术，打造公司"十四五"科技创新品牌，抢占行业技术制高点，取得行业领先成果，培育高水平科技成果，争取高等级科技奖励，促进成果转化。

在新型电力系统电网侧方面，重点面向以新能源为主体的新型电力系统建设，围绕能源资源优化配置、电力可靠供应、电网安全稳定运行、电力设备绿色环保与自主可控等方面的新挑战，部署新型电力系统下电网调度控制技术、网络安全防御技术、规划及建设关键技术、智能输变电关键技术、高品质供电配电侧关键技术、高品质供电电能质量治理关键技术6个重点研发方向，攻克与掌握新型电力系统智能调控与运行关键技术，助力"双碳"目标实现。

在新型电力系统负荷侧方面，重点面向"新电气化"进程与现代供电服务体系建设，围绕异质能源联合优化与梯次互补高效利用、多元用户供需互动、电动汽车快速有序充换电、终端能源利用效率提升、智能客服与智慧营销、用能数据智能计量等方面的技术需求，部署规模化车网互动（V2G）关键技术研究、城市建筑与电网互动关键技术研究与应用、基于海量分布式资源聚合的虚拟电厂研究、高品质供电用户侧关键技术、综合智慧能源关键技术6个重点研发方向，聚合用户侧灵活资源提高新能源消纳和系统调峰能力，满足终端用能多样化和能效水平提升需求，支撑公司现代供电服务体系建设，推进电能替代，构建绿色高效的能源消费方式。

在新型电力系统储能侧方面，重点面向高可靠、长寿命、低成本新型储能技术研发及规模化应用，围绕超长时间储能装备及集成、储能电站安全可靠运行、高安全长寿命前沿储能技术储备等技术需求，部署电化学储能关键技术、储能安全关键技术、新能源汽车移动储能关键技术3个重点研发方向，构建完备的储能建设运维与安全管理技术体系，显著降低度电成本，推动储能多场景示范应用，充分发挥储能在提升能源电力系统调节能力、综合效率和安全保障能力等方面的重要支撑作用。

在数字电网运营方面，重点面向公司数字电网建设与"产业数字化、数字产业化"的发展目标，围绕电力系统全景智能感知、海量数据高效安全传输、电网智能升级与自主决策、大规模算力网络构建、海量用户并行接入场景下网络安全体系建设等方面技术需求，部署人工智能关键技术、5G与电网融合应用关键技术、电力物联网关键技术、城市电网数字化关键技术4个重点研发方向。通过数字技术与能源企业业务、管理深度融合，不断提高数字化、网络化、智能化水平，支撑数字电网建设。在"双碳"与电碳耦合方面，重点面向建立健全电碳耦合机制，推动实现电碳资源协同调控，围绕碳追踪测算、碳金融及市场机制、电—碳市场运营等技术需求，部署电碳核算与认证技术、电碳资产管理技术、电—碳市场耦合技术、电碳经济平台支撑技术 4 个重点研发方向。推动公司由电力资源配置平台向电碳资源配置平台发展，初步形成电碳经济服务能力，依托电网实现全社会碳减排资源的整体优化配置。